Werner Gitt

Gleichnisse

zur Ewigkeit

Werner Gitt
Gleichnisse zur Ewigkeit

1. Auflage 2023
© Lichtzeichen Verlag GmbH
Satz: Oleg Merkel
Titelbild: Shutterstock_1399394078

ISBN: 978-3-86954-520-2
Best.-Nr.: 548520

Teil II: Vergebung grenzenlos?   **48**

Das Gleichnis vom Schalksknecht

(Matthäus 18,21-35)

Vorwort

Jesus sprach zu seinen Zuhörern häufig in Form von Gleichnissen. Der bekannte Hamburger Theologie-professor *Helmut Thielicke* (1908-1986) bezeichnete die Gleichnisse Jesu als „Bilderbuch Gottes". Er stellte sich die Frage, ob Saat und Ernte, Heimat und Fremde, die Lilien auf dem Felde und die Vögel unter dem Himmel tatsächlich reale Abbilder der göttlichen Geheimnisse sind, oder ob es Codierungen sind, aus denen sich die Ewigkeit und das hintergründige Rätsel unseres Daseins erschließen lassen.

Die Gleichnisse Jesu offenbaren den Hörern zuvor Unbekanntes. Seinen Jüngern erklärt es Jesus nun zuerst:

> „Euch ist's gegeben, die Geheimnisse des Himmel-reichs zu verstehen, diesen aber ist's nicht gege-ben. Denn wer da hat, dem wird gegeben, dass er die Fülle habe; wer aber nicht hat, dem wird auch das genommen, was er hat" (Matthäus 13,11-12).

Es ist aber auch das andere zu bedenken, nämlich die doppelte Wirkung. Den Kritikern und Gegnern des Evangeliums verhüllen die Gleichnisse bereits Bekanntes:

> „Mit den Ohren werdet ihr hören und werdet es nicht verstehen; und mit sehenden Augen werdet ihr sehen und werdet es nicht erkennen. Denn das Herz dieses Volkes ist verstockt: Ihre Ohren hören

schwer, und ihre Augen sind geschlossen" (Matthäus 13,14-15).

Es ist mein Gebet, dass Sie, liebe Leserin und lieber Leser, zur ersten Gruppe gehören. Die Gleichnisse Jesu haben durchweg das zentrale Thema des Himmels im Visier. Dabei geht es um Fragestellungen, die uns zutiefst betreffen: Wie komme ich in den Himmel? Wer kommt in den Himmel? Was ist das Wesen des Himmels? In diesem Buch werden wir vier Gleichnisse Jesu näher betrachten. Es sind jene, die mich persönlich am stärksten beeindruckt und herausgefordert haben. Die jeweilige Textauslegung soll stets durch Erlebnisse aus unserer Zeit ergänzt und für den heutigen Leser veranschaulicht werden.

Danken möchte ich meiner lieben Frau *Marion* für die redaktionelle Durchsicht des Manuskriptes mit allen hilfreichen Verbesserungsvorschlägen.

Für einen besseren Lesefluss habe ich im Text generell das Wort „Leser" verwendet, wobei Leser und Leserinnen gleichermaßen angesprochen sind.

Da ich über die Gleichnisse bereits mehrfach gesprochen habe, ist der Redestil teilweise beibehalten worden.

Werner Gitt, April 2023

Teil I:
Sammelt euch aber Schätze im Himmel
(Matthäus 6,20)

Die Gleichnisse von dem Schatz im Acker und der kostbaren Perle (Matthäus 13,44-46)

1. Für wen sind die Gleichnisse gedacht?

Nachdem wir den Ruf Jesu vernommen haben und uns daraufhin zu ihm hin bekehrt haben, ist Jesus in unser Leben getreten. Durch die persönliche Hinwendung zu Jesus ist uns durch ihn der größte Schatz geschenkt worden – nämlich der Himmel[1]. Es gilt nun die feste Zusage: *„Wer an den Sohn* (Gottes) *glaubt, der hat das ewige Leben"* (Johannes 3,36).

Den Himmel können wir uns durch keine Tat verdienen. Am Kreuz von Golgatha hat Jesus für uns die Eintrittskarte zum Himmel erworben. Mit dem einen Schächer am Kreuz hat uns Jesus deutlich erklärt, wie wir den Eintritt zum Himmel erlangen. Dieser Verbrecher rief Jesus in letzter Minute an:

---

[1] Näheres zu Himmel, Himmelreich, Reich Gottes und Paradies siehe Kapitel 3 in Teil II.

„Wir sind es zwar mit Recht, denn wir empfangen, was unsere Taten verdienen; dieser aber hat nichts Unrechtes getan. Und er sprach: Jesus, gedenke an mich, wenn du in dein Reich kommst!" (Lukas 23,41-42).

Er bekennt sich zu seiner Schuld und bittet Jesus, an ihn zu denken, wenn er im Himmel ist. Dieser Anruf reicht schon, um von Jesus die feste Zusage zu erhalten:

„Wahrlich, ich sage dir: Heute wirst du mit mir im Paradies sein" (Lukas 23,43).

Er hatte keine Gelegenheit mehr, Schätze im Himmel zu sammeln. Nachdem wir erkannt haben, der Himmel ist unsere Heimat, gibt Jesus uns den klaren Auftrag: **Sammelt euch Schätze im Himmel!**

2. Der Auftrag Jesu an uns

In der Bergpredigt spricht Jesus über das Ansammeln von Schätzen (Matthäus 6,19-21):

19 *„Ihr sollt euch nicht Schätze sammeln auf Erden, wo die Motten und der Rost fressen und wo die Diebe einbrechen und stehlen.*
20 ***Sammelt euch aber Schätze im Himmel,*** *wo sie weder Motten noch Rost fressen und wo die Diebe nicht einbrechen und stehlen.*

[21] *Denn wo dein Schatz ist, da ist auch dein Herz."*

Wenn es um Schätze im Himmel geht, tauchen sogleich drei Fragen auf, denen wir einmal nachgehen wollen:

1. Von welcher Art sind die himmlischen Schätze?

2. Wie sammelt man Schätze für den Himmel?

3. Wie bewertet Gott die gesammelten Schätze?

Eine erste Antwort darauf geben uns die zwei folgenden Gleichnisse.

3. Das Gleichnis vom Schatz im Acker und von der kostbaren Perle

[44] *„Das Himmelreich gleicht einem **Schatz, verborgen im Acker**, den ein Mensch fand und verbarg; und in seiner Freude ging er hin und verkaufte alles, was er hatte und kaufte den Acker.*
[45] *Wiederum gleicht das Himmelreich **einem Kaufmann**, der gute Perlen suchte,*
[46] *und als er eine **kostbare Perle** fand, ging er hin und verkaufte alles, was er hatte und kaufte sie"* (Matthäus 13,44-46).

Beide Gleichnisse sind sehr knapp erzählt.

Seit Menschengedenken sind Abenteurer überall auf der Welt auf der Jagd nach einem Schatz, der alle materiellen Sorgen beseitigt.

Dabei ist doch **dieser Schatz**, von dem Jesus im Gleichnis spricht, nicht im Wüstensand, im unzugänglichen Urwald oder auf dem Boden eines tiefen Sees zu finden. Er ist von ganz anderer Art – nicht materiell –, sondern nur im Glauben an ihn zu finden und zu erfassen. Jesus verspricht uns das Himmelreich.

Jesus bietet uns damit mehr als der reichste Mensch der Welt je geben könnte. Jesus richtet gewaltige Worte an uns, so wie es sonst keiner getan hat. Seine wunderbaren Zusagen über den zu erwartenden Lohn müssten uns alle überzeugen, aber des Menschen Herz will nicht begreifen, dass ausgerechnet ein Mensch, der auf dieser Welt nichts besaß, Schätze im Himmel geben kann, die kein Auge gesehen hat, von denen kein Ohr gehört hat und die kein menschliches Herz erahnen kann?

Warum ziehen wir ein Leben voller Schätze in dieser Welt den ewigen Schätzen des Himmels vor?

In der idea-Ausgabe vom 20. Februar 2019 wurde berichtet, dass in Nordrhein-Westfalen 1800 Kirchen nicht mehr gebraucht werden. Als Begründung galt der Mitgliederschwund und der damit verbundene Rückgang an Kirchensteuereinnahmen. Warum kehren die Leute den Kirchen den Rücken? Ich sehe zwei Gründe:

- Die Kirchen vermitteln weithin nicht mehr die Kostbarkeit des Himmels,
- die Tragik und Endgültigkeit als Folge des Unglaubens wird nicht mehr verkündigt.

Die meisten Menschen sind mehr dem Diesseitigen verhaftet und lassen sich vom irdischen Treiben schnell gefangen nehmen. Aber wer an Jesus glaubt und so seine Verlorenheit erkennt, dem stehen die Tore des Himmels zu einem Ort ewiger Freude weit offen.

Als der Mann im Gleichnis den Schatz gefunden hatte, war für ihn alles wie verwandelt. Als Schatzbesitzer schaute er mit ganz neuen Augen in die Welt. Alles andere war nun zweitrangig geworden. Wie anders hat der Mann jetzt über die Äcker geschaut! Er maß den Acker nicht mehr an seinem eigenen Wert oder an seiner landwirtschaftlichen Ergiebigkeit, sondern an seinem Schatz. Gewöhnlichen Augen erschien er wie alle anderen Äcker auch.

Der Mann hatte nur einen irdischen Schatz gefunden, der jedoch gleichnishaft für den ewigen Schatz steht. In der Nachfolge Jesu bekommen wir nicht nur ein anderes Herz, sondern auch andere Augen. Jesus verwandelt uns, wenn er in unser Leben tritt.

Nur die wenigen, die mit aufrichtigem Herzen suchen und die dann den Acker mit dem Schatz oder die kostbarste Perle kaufen, finden das ewige Leben in Jesus. Die Freude im Himmel wird jede nur denkbare irdische Freude bei weitem überstrahlen.

Vor einiger Zeit hatte ich eine Evangelisation im Emsland. Die Gemeinde hatte einige tausend Einladungszettel gedruckt und verteilt. Wie so üblich, waren die meisten Empfänger der Zettel desinteressiert, sie kamen nicht; den Schatz im Himmel brauchten sie nicht.

Doch am Sonntag tauchte ein Mann in der Gemeinde auf, der einen Einladungszettel aus einer Pfütze aufgefischt hatte. Dieser Zettel war schon vom Wasser aufgeweicht, aber gerade noch lesbar. Er kam zur Predigt und zum Nachgespräch und bekehrte sich.

Dieser Mann hatte den größtmöglichen Schatz gefunden, und das ist Jesus. Durch ihn war ihm das Bürgerrecht im Himmel zugesagt. Wer Jesus gefunden hat, hat alles gefunden.

Wer Jesus verloren hat, hat mehr als die ganze Welt verloren.

4. Der Auftrag zum Schätzesammeln

Nachdem Jesus in unser Leben gekommen ist und uns mit dem Himmel der größte Schatz geschenkt worden ist, gibt er uns den Auftrag, Schätze im Himmel zu sammeln.

Es ist die Frage: Wie sehen diese Schätze aus? Das wird uns mit verschiedenen Worten gesagt:

„Alles, was ihr tut mit Worten oder mit Werken, das tut alles in dem Namen des Herrn Jesus."
„Alles, was ihr tut, das tut von Herzen als dem Herrn und nicht den Menschen" (Kolosser 3,17+23).

„Dass sie Gutes tun, reich werden an guten Werken, gerne geben, behilflich seien, sich selbst einen Schatz sammeln als guten Grund für die Zukunft, damit sie das wahre Leben ergreifen" (1. Timotheus 6,18-19).

Wir sehen: Schätze haben Nachhaltigkeit! Alles, aber auch alles, was wir im Namen Jesu tun, wird durch ihn in himmlische Schätze gewandelt:

- Die Postkarte, die du zum Trost versendest,
- der Spaten, den du deinem Nachbarn leihst,
- das nette Wort, das du der Postbotin sagst,
- der Besuch im Krankenhaus.
- In Apostelgeschichte 9,39 wird von der Jüngerin Tabita berichtet, die Kleider und Röcke für ando ro nähte.

Nun sagst du vielleicht, genau das tut doch mein atheistischer Nachbar auch. Rein äußerlich stimmt das, und doch ist es nicht das gleiche:

Du tust es im Namen Jesu, und das macht den Unterschied aus!

„Ich habe euch erwählt und bestimmt, dass ihr hingeht und Frucht bringt und eure Frucht bleibt" (Johannes 15,16).

Mit dem Wort **Frucht** wird deutlich, dass dem Ernten ein Säevorgang vorangeht.

Im Gleichnis von den anvertrauten Pfunden sagt Jesus zu den Knechten in Lukas 19,13:

„Handelt damit, bis ich wiederkomme!"

Damit hat Jesus den Einsatz aller uns anvertrauten Gaben gemeint (z. B. intellektuelle und handwerkliche Fähigkeiten, Geld und Gut). In Jakobus 2,17 wird ein Glaube, der keine Auswirkungen hat, als tot bezeichnet:

„So ist auch der Glaube, wenn er nicht Werke hat, tot in sich selber."

Es stellt sich jetzt die Frage, gibt es ein Arbeitsfeld, das Jesus besonders am Herzen liegt. Gibt es bei allem Tun eine Priorität? Bei der Suche in der Bibel kam ich zu dem Ergebnis, dass es die Verbreitung des Evangeliums ist. Es geht zentral darum, Menschen vor ewiger Verlorenheit zu retten.

Das tat Jesus zunächst selbst, denn in Markus 1,14-15 und Lukas 19,10 heißt es von seiner Tätigkeit:

„Jesus kam nach Galiläa und predigte das Evangelium Gottes und sprach: Die Zeit ist erfüllt, und das Reich Gottes ist herbeigekommen. Tut Buße und glaubt an das Evangelium."

„Denn der Menschensohn ist gekommen, zu suchen und zu retten, was verloren ist."

Der Hauptauftrag Jesu war die Botschaft von der Rettung des verlorenen Sünders. Er kam nicht in die Welt, um Kranke zu heilen, um Brot zu vermehren, um Wasser in Wein zu wandeln oder dem Sturm auf dem See Genezareth zu gebieten. Das alles waren nur Nebeneffekte seines Kommens – sie dienten als Erkennungszeichen dafür, dass er der vom Himmel gekommene Sohn Gottes war. All das hätten auch die Propheten tun können, wenn ihnen die Vollmacht dazu verliehen worden wäre.

Den Auftrag, das Evangelium an andere weiterzugeben, hat er nun uns anvertraut, nachdem er es uns vorgemacht hat. Er hätte diese Aufgabe aus unserer Sicht besser den sündlosen Engeln geben können. Sie könnten auch viel unmittelbarer von Gott und dem Himmel predigen. Aber Jesus vertraut uns diese Aufgabe an, obwohl wir ihn nie von Angesicht zu Angesicht gesehen haben. Dennoch schickt er uns hinaus mit dem zeitlich und räumlich weitesten Auftrag, der je erteilt wurde. In Matthäus 28,19-20 beauftragt er uns:

„Darum gehet hin und machet zu Jüngern alle Völker: Taufet sie auf den Namen des Vaters und des Sohnes und des heiligen Geistes und lehret sie halten alles, was ich euch befohlen habe."

Auch an vielen anderen Stellen kommt dieser zentrale Auftrag deutlich zum Ausdruck:

„Die Ernte ist groß, aber wenige sind der Arbeiter. Darum bittet den Herrn der Ernte, dass er Arbeiter in seine Ernte sende" (Matthäus 9,17b-18).

Paulus beschreibt uns seinen Auftrag wie folgt:

„Christus hat mich gesandt, das Evangelium zu predigen – nicht mit klugen Worten, damit nicht das Kreuz zunichte werde" (1. Korinther 1,17).

Mit dem Auftrag, das Evangelium zu verkündigen, sind nicht nur die hauptamtlichen Pastoren gemeint, sondern Jesus hat uns alle damit beauftragt. Mit jedem Gespräch, das du am Gartenzaun mit deinem Nachbarn führst und dabei Jesus bekennst, wirst du zum Verkündiger. Auch mit jedem Flyer und jedem Buch (z. B. evangelistische Bücher oder Broschüren) oder jeder CD mit klarer Botschaft, mit allem, was du weiterreichst, erfüllst du den Auftrag Jesu. In dieser Wirksamkeit werden uns die Gemeindeglieder zu Thessaloniki („Thessalonich") als vorbildlich geschildert:

„Und ihr seid unserem Beispiel gefolgt und dem des Herrn und habt das Wort aufgenommen in großer Bedrängnis mit Freuden im heiligen Geist, so dass ihr ein Vorbild geworden seid für alle Gläubigen in Mazedonien und Achaja. Denn von euch aus ist das Wort des Herrn erschollen nicht allein in Mazedonien und Achaja, sondern an allen Orten ist euer Glaube an Gott bekanntgeworden" (1. Thessalonicher 1,6-8).

5. Wie sammelt man Schätze für den Himmel?

In der Bergpredigt ruft uns Jesus auf, unser Augenmerk auf das Wichtigste im Leben zu richten:

> *„Sammelt euch aber Schätze im Himmel"* (Matthäus 6,20).

Wer den Schatz im Acker gefunden hat, hat eine neue Sammelleidenschaft entdeckt. Statt irdischer Schätze wird er nun, nachdem er in den Besitz des größten Schatzes gekommen ist – des Himmels – „Schätze für den Himmel" sammeln.

Eine gute Anleitung dazu finden wir in der Reisegeschichte der Königin von Saba (2. Chronik 9,1-12). In Vers 9 heißt es dort:

> *„Und sie gab dem König 120 Zentner Gold und sehr viel Spezerei und Edelsteine."*

Salomo war ein sehr reicher König. Hätten wir seine Goldvorräte und Kleiderkammern gesehen, es würde uns den Atem verschlagen. Diesem schon so reichen König schenkt die Königin von Saba noch mehr Gold: 120 Zentner, das sind 6000 Kilogramm oder 120 000 Goldbarren zu je 50 Gramm – wie sie heute bei den Banken handelsüblich sind.

Jesus sagt uns hiermit, dass wir nicht mit leeren Händen zu ihm kommen sollen. Er erwartet nicht Gold und Silber von uns. Das Wertvollste, was wir unserm

König mitbringen können, ist „Frucht". Er sucht nicht die vergänglichen Erfolge unseres Lebens, sondern die bleibende Frucht:

> *„Ich habe euch erwählt und bestimmt, dass ihr hingeht und Frucht bringt und eure Frucht bleibt"* (Johannes 15,16).

Es ist also ein Auftrag Jesu, Schätze für den Himmel zu sammeln und sie ihm bei unserer Ankunft im Himmel zu übergeben – so wie die Königin von Saba ihre Schätze dem König Salomo überreichte.

Im letzten Vers der Reisegeschichte heißt es:

> *„Und der König Salomo gab der Königin von Saba alles, … mehr als die Gastgeschenke, die sie dem König gebracht hatte"* (2. Chronik 9,12).

Was auch immer wir dem Herrn mitbringen, sein Geschenk an uns wird alles nur Erdenkliche weit übertreffen. In Lukas 6,38 spürt man die Unfähigkeit der menschlichen Sprache, den überfließenden Reichtum der Gabe Gottes an uns angemessen beschreiben zu können:

> *„Ein volles, gedrücktes, gerütteltes und überfließendes Maß wird man in euren Schoß geben."*

Ja, unser König Jesus schenkt uns alles – den ganzen Himmel!

All unser Tun ist keine Werkgerechtigkeit, sondern unser Ausdruck dafür, dass wir unsern König lieben und ihm dankbar sind.

An zwei Beispielen möchte ich deutlich machen, wie Menschen Schätze für den Himmel gesammelt haben, ohne dass sie sich dessen bewusst waren.

Kinder sind uns in ihrer Unmittelbarkeit und in ihrem freudigen Handeln oft ein Vorbild. Eine Geschichte aus der Schweiz hat mich sehr beeindruckt:

Beispiel 1: Das Mädchen mit dem Glas Wasser

Ein kleines Mädchen konnte gerade in der Bibel lesen und las die Worte Jesu: *„Und wer einem dieser Geringen auch nur einen Becher kalten Wassers zu trinken gibt, ... es wird ihm nicht unbelohnt bleiben"* (Matthäus 10,42). Daraufhin ging das Mädchen in die Küche, füllte ein Glas mit Wasser und lief damit auf die Straße, um es jemandem zu geben. Aber dort war niemand, und so rannte es weiter bis an den Waldrand. Dort traf es einen jungen Mann und bot ihm das Glas mit den Worten an: „Im Namen Jesu gebe ich dir das Wasser." Der Mann war total erstaunt über dieses ungewöhnliche Angebot. Weil er aber durstig war, trank er das Wasser. Das Mädchen eilte mit dem leeren Glas nach Hause und stellte es in der Küche ab.

Es vergingen etliche Jahre. Das kleine Mädchen war inzwischen erwachsen geworden und hatte den Beruf der Krankenschwester erlernt. Eines Tages wurde in ihrer Abteilung des Krankenhauses ein Mann eingeliefert. Als erstes packte er seine Bibel aus und legte sie auf den Nachtschrank. Erstaunt sprach die Krankenschwester den Mann an, ob er gläubig sei. Als er das bejahte, fragt sie, wie er denn zum Glauben gekommen sei. Der Mann erklärte: „Es war noch in meiner Jugend. Ich sah keinen Sinn in meinem Leben und machte mich auf zum Wald, um mir dort das Leben zu nehmen. Aber am Waldesrand kam ein kleines Mädchen mit einem Glas Wasser auf mich zu und sagte: ‚Im Namen Jesu gebe ich dir das Wasser!' Das hat mich dermaßen beeindruckt, dass ich von meinem Vorhaben abließ, mir eine Bibel kaufte und bald danach zum Glauben kam." Darauf die Krankenschwester: „Das kleine Mädchen von damals – das war ich!"

Durch das Umsetzen nur eines einzigen Bibelverses hat das Mädchen eine Seele für den Himmel gewonnen. Wenn Jesus auf der Hochzeit zu Kana schon Wasser in Wein umgewandelt hat, dann wird er das Wasser in jenem Glas in der Ewigkeit in Gold verwandeln. Und das gilt für alle Frucht, die wir in diesem Leben mit Gottes Hilfe erwirken, der Herr wird es bei unserer Ankunft im Himmel in Gold umwandeln. Das sind die „Schätze des Himmels", von denen Jesus in der Bergpredigt spricht.

Nicht dass hier ein falscher Eindruck entsteht: Den Himmel können wir uns durch nichts verdienen, den hat Jesus uns sehr, sehr teuer am Kreuz erworben. Wir antworten nur dankbar auf sein Opfer für uns.

Beispiel 2: Ottokar aus Ostpreußen

Vor einiger Zeit, es war im März 2016, rief mich eine Frau aus der Gegend von Gießen an. Ich kannte sie nicht, und wir sind uns auch nicht bei irgendeinem Vortrag begegnet. Sie kam per Telefon mit folgender Bitte zu mir:

> „Mein Vater ist über 80 Jahre alt, und er ist noch nicht gerettet. Er heißt *Ottokar*. Ich habe ihm einige CDs von Ihnen geschickt. Ich mache mir Sorgen, dass er verloren geht. Können Sie einmal mit ihm reden? Ich nenne Ihnen mal seine Telefon-Nummer. Er ist Witwer und wohnt alleine in seinem Haus in Süddeutschland." Ich antwortete darauf: „Nun, gegen seinen Willen kann ich auch nichts machen, aber ich will ihn gerne einmal anrufen."

Das tat ich auch und sagte ihm, dass ich die Telefon-nummer von seiner Tochter erhalten habe. „Ja, Ihr Name ist mir durch die Platten" – so nannte er die CDs – „bekannt." An der Stimme erkannte er mich als Ost-preußen, und umgekehrt war auch seine Stimme un-verwechselbar dem Ostpreußischen zuzuordnen. Wir unterhielten uns über unsere Kindheit in Ostpreußen und auch wie wir die Kriegszeit erlebt hatten.

Bald stellten wir fest, dass unsere Erlebnisse während des Krieges und auch in den Jahren danach fast de-ckungsgleich waren. Auch er hatte seine Mutter verlo-ren, die in Königsberg verhungert war. Mit seiner Tante ist er dann aus Elbing vertrieben worden und in den Westen bis nach Schleswig-Holstein gekommen.

Da wir beide noch Ostpreußisch Platt sprechen konnten, wechselten wir unsere Unterhaltung in Platt. Nach
einiger Zeit kamen wir auf die CDs zu sprechen. Als er
bestätigte, sie angehört zu haben, fragte ich ihn, ob
dieser Glaube nicht auch etwas für ihn sei.

Entgegen meiner Erwartung, die durch das genährt
wurde, was ich von seiner Tochter gehört hatte,
stimmte er den Aussagen auf den CDs zu. Ich ergriff
die Gelegenheit der so momentan geschenkten offe-
nen Tür und fragte, ob wir die Errettung durch den
Herrn Jesus festmachen wollen. Als er dem zu-
stimmte, erklärte ich ihm ausführlich den Heilsweg
mit Hilfe einiger Verse aus dem Neuen Testament
(Römer 3,22b-23; 1. Johannes 1,9; 1. Petrus 1,18-19;
Johannes 1,12). Schließlich übergab er mit einem Gebet Jesus sein Leben.

Ich versicherte ihm am Ende des Gesprächs, dass Jesus ihn zum ewigen Leben berufen habe und er nun
gewiss sein darf, einmal in den Himmel zu kommen.
All das geschah in einem langen Telefongespräch.

Als ich ihn eine Woche später wieder anrief, sagte er
mir:

"Jetzt weiß ich, ich habe nicht umsonst gelebt.
– Meine Sünden sind mir vergeben.
– Alles hat jetzt für mich eine Veränderung be-
   wirkt – ich richte nun alles auf Christus aus.
– Vieles muss ich noch durchdenken und ord-
   nen."

Wir haben uns nie gesehen, aber in der Folgezeit doch häufiger miteinander telefoniert. Jedes Mal beendeten wir unser Telefonat mit beiderseitigem Gebet. Mir fiel immer wieder auf, dass er in seinen Gebeten außergewöhnlich schöne Formulierungen verwendete.

Nun, er war ein Hobby-Dichter und hatte im Laufe der Jahre in 17 Ordnern selbstverfasste Gedichte zusammengetragen. Er schrieb über Naturlandschaften, besonders aber über die ostpreußische Heimat. Auch die Kriegsereignisse verarbeitete er in seinen Gedichten. Ein Teil seiner Gedichte ist in Buchform herausgegeben worden.

Obwohl ich nie über das Sammeln von Schätzen für den Himmel mit ihm sprach, sah er darin für sich eine wichtige Aufgabe, wie wir nachfolgend sehen werden.

Eva: Schon wenige Tage nach seiner Entscheidung für Jesus gab *Ottokar* einige CDs an eine ihm bekannte Witwe weiter. Als Ehepaare kannten sie sich noch von früher.

Er bat mich, diese Frau einmal anzurufen, um sie auch für Jesus zu gewinnen. Schnell kamen wir auf die CDs zu sprechen. Sie war sichtlich angesprochen von den Botschaften, und so öffnete sie ihr Herz für das Evangelium, was im Laufe des Gesprächs zu einer klaren Entscheidung für Jesus führte.

Gerda: Es vergingen ein paar Wochen, da hatte Gott ihm wieder jemanden aufs Herz gelegt. Es war seine

Friseurmeisterin, bei der er schon jahrelang Kunde war.

Ottokar sagte mir, „ich habe soeben mit ihr telefoniert, wenn du jetzt gleich anrufst, dann triffst du sie an." Er gab mir noch den Rat mit: „Sei sehr vorsichtig mit allem – falle nicht gleich mit der Tür ins Haus. Aber wenn Du mit dem Gespräch fertig bist, rufe mich doch gleich an. Mich interessiert sehr, was sie gesagt hat."

Als ich sie anrief, war sie auch gleich am Apparat. Ich stellte mich kurz vor und sagte, dass *Ottokar* mir ihre Telefonnummer gegeben habe. Nach einigen allgemeinen Worten, meinte sie, sie habe so viele Probleme in ihrem Leben, mit denen sie nicht klarkomme.

„Oh", sagte ich, „ich kenne jemanden, der ist für alle Problemfälle zuständig." – „Kümmert der sich auch um mich?" – „Oh, ja." – „Wer ist das?" – „Das ist Jesus! Wollen Sie ihn kennenlernen?" Dem stimmte sie zu, und nach einem etwa einstündigen Gespräch entschied sie sich, Jesus nachzufolgen. Ich habe hinterher selbst gestaunt, wie Jesus dieses Gespräch Schritt um Schritt geführt hatte.

Gleich nach dem Gespräch rief ich *Ottokar* an. Er sagte: „Ich habe schon die ganze Zeit auf deinen Anruf gewartet. Da muss doch was passiert sein." In der Tat, es war etwas passiert, die Friseurmeisterin hatte Jesus angenommen. Wie sie mir später berichtete, fand sie einen gläubigen Kreis, so dass sie im Glauben wachsen kann.

Ottokar war überrascht, dass inzwischen schon zwei Personen seines Umfeldes zum Glauben gekommen waren. Da erinnerte er sich an einen früheren Kollegen, mit dem er jahrelang zusammengearbeitet hatte.

Das Muster ist nun schon bekannt. Auf die bewährte Art machte *Ottokar* mit Hilfe von CDs auf Jesus aufmerksam und stellte fest, dass dadurch eine Offenheit für den Glauben erzielt wird. Über die Botschaften der CDs waren die Leute bereits gut informiert. Er hatte ihnen erzählt, dass er sich selbst bei mir am Telefon bekehrt und damit den Sinn des Lebens gefunden habe. Diese Methode wandte *Ottokar* nun auch bei seinem früheren Kollegen *Helmut* an:

Ehepaar Gerda und Helmut: Als ich bei diesem Ehepaar anrief, spürte ich sofort diese Offenheit. Ich erzählte ihnen von Menschen, die sich zu Jesus wandten, obwohl sie zuvor kaum etwas vom Evangelium gehört hatten. Es war nur ein kurzer Anruf, da ich gerade im Begriff war, zu einer Wochenendvortragsreise zu starten. Nach der Rückkehr würde ich mich dann wieder bei ihnen melden.

Ich war gerade erst von meiner Reise zurück, da rief die Frau mich bereits an und sagte, dass sie es gar nicht hätten abwarten können und darum melde sie sich jetzt schon. So konnte ich gleich damit beginnen, den Weg zu Jesus anhand einiger Bibelstellen zu erklären. Als alles gesagt war, schlug ich vor, dass ich ihnen nun ein Gebet vorsprechen würde, das sie nachsprechen und damit zum eigenen Gebet machen könnten. Daraufhin sagte die Frau: „Unser 18-jähriger

Sohn hat die ganze Zeit mitgehört. Darf er auch mitbeten?" An jenem Tag wurden durch die Gnade Jesu drei Personen gerettet.

Was wir jetzt gehört haben, könnte den Eindruck vermitteln: Man gebe jemandem einige CDs, dann rufe man ihn an, ob er sich bekehren möge und der Betreffende sagt sofort JA. Das ist leider nicht immer so. Auch *Ottokar* hat das hier und da so erfahren müssen. Der Geist weht, wo er will. Wir sind nur die Botschafter.

Ottokars Tod: Am 11.03.2018 hat der Herr *Ottokar* in seine ewige Heimat gerufen. Wenige Tage vorher telefonierten wir noch miteinander. Er wusste sehr deutlich – es geht bald nach Hause. Wir haben uns in dieser Welt nie gesehen, aber er hat sich ganz bewusst von mir verabschiedet. Es war ein sehr bewegendes Gespräch, in dem er sich bedankte, dass ich ihm den Weg zu unserem Herrn Jesus zeigen durfte. Dann sagte er noch:

> „Ich freue mich schon darauf, wenn wir uns das erste Mal sehen werden – nämlich an der ewigen Hochzeitstafel bei unserem Herrn Jesus!"

Als er sich im März 2016 bekehrte, war er 81 Jahre alt. Er lebte bis zum März 2018 – also zwei Jahre ging er dieses Leben mit Jesus. Als Schätze für Jesus hat er mindestens fünf Menschen mitgebracht. Welch ein großer Reichtum, wenn nach dem Urteil Jesu eine einzige Seele mehr wert ist als das ganze Universum (Markus 8,36).

6. Wie bewertet Gott die gesammelten Schätze?

6.1 Unterschiede im Himmel

Als Erstes müssen wir etwas sehr Grundlegendes über den Himmel lernen: Im Himmel gibt es keine Gleichschaltung. In Matthäus 18,4 spricht Jesus vom Größten im Himmelreich:

> *„Wer nun sich selbst erniedrigt und wird wie dieses Kind, der ist der **Größte** im Himmelreich."*

Und in Lukas 7,28 benennt Jesus den Kleinsten im Reich Gottes:

> *„Ich sage euch, dass unter denen, die von einer Frau geboren sind, keiner größer ist als Johannes; der aber der **Kleinste** ist im Reich Gottes, der ist größer als er."*

Wenn Jesus von dem Kleinsten und dem Größten im Himmelreich spricht, dann ist damit die ganze Vielfalt im Himmel aufgezeigt. Wie kommt diese zustande?

In seinen Reden weist Jesus wiederholt darauf hin, dass die Frucht im Himmel entsprechend belohnt wird. In den Seligpreisungen (Matthäus 5,3-12) sagt er:

> *„Selig seid ihr, wenn euch die Menschen um meinetwillen schmähen und verfolgen und reden allerlei Übles gegen euch, wenn sie damit lügen. Seid*

fröhlich und getrost, es wird euch im Himmel reich-
lich belohnt werden" (Verse 11-12).

Und in der Parallelstelle bei Lukas 6,23 heißt es:

„Freut euch an jenem Tage und springt vor Freude;
denn siehe euer Lohn ist groß im Himmel."

Immer wieder nimmt die Bibel Bezug auf den Lohn:

„Hebt eure Augen auf und seht auf die Felder, denn
sie sind reif zur Ernte. Wer erntet, empfängt schon
*seinen **Lohn** und sammelt **Frucht** zum ewigen Le-*
ben, damit sich miteinander freuen, der da sät und
der da erntet" (Johannes 4,35b-36).

„Ich habe gepflanzt, Apollos hat begossen, aber
Gott hat das Gedeihen gegeben. So ist nun weder
der pflanzt noch der begießt etwas, sondern Gott,
der das Gedeihen gibt. Der aber pflanzt und der
begießt, sind einer wie der andere. Jeder aber
wird seinen Lohn empfangen nach seiner Arbeit"
(1. Korinther 3,6-8).

Hier wird deutlich gesagt, dass der Vorbereiter der
Ernte genauso wichtig ist wie der Erntearbeiter.

„Seht euch vor, dass ihr nicht verliert, was wir
erarbeitet haben, sondern vollen Lohn empfanget"
(2. Johannes 8).

„Es ist die Zeit gekommen, die Toten zu richten
und den Lohn zu geben deinen Knechten, den

Propheten und den Heiligen und denen, die dei-nen Namen fürchten, den Kleinen und den Gro-ßen" (Offenbarung 11,18).

„Siehe, ich komme bald und mein Lohn mit mir, einem jeden zu geben, wie seine Werke sind" (Offen-barung 22,14).

6.2 Gottes Lohn-Prinzipien

Nach welchen Regeln geschieht Gottes Entlohnung? Da gibt es mehrere Kriterien, die nicht alle identisch sind mit unseren Entlohnungsprinzipien bei irdischen Arbeitgebern. Ich habe insgesamt sechs Prinzipien in der Bibel entdeckt:

Prinzip 1: Das Proportionalitätsgesetz

Dieses Prinzip kennen wir von unseren irdischen Ar-beitgebern mit den vorgegebenen Stundenlöhnen. Wer 10 Stunden gearbeitet hat, bekommt also: Lohn-betrag = 10 × Stundenlohn. Wer 20 Stunden gearbei-tet hat, bekommt demnach: Lohnbetrag = 20 × Stun-denlohn.

Wir erkennen: Wer viel arbeitet, bekommt viel. Wer nur wenig arbeitet, bekommt entsprechend weniger.

Das ist das Proportionalitätsgesetz, das auch jedem Landwirt geläufig ist. Und darum beschreibt Paulus uns dieses Prinzip im Bild des Säens und Erntens:

> *„Wer da kärglich sät, der wird auch kärglich ernten; und wer da sät im Segen, der wird auch ernten im Segen"* (2. Korinther 9,6).

Dieses Prinzip kommt auch zum Einsatz bei dem Gleichnis von den anvertrauten Pfunden in Lukas 19,11-27. Jeder der drei Knechte hatte **ein** Pfund bekommen, um damit zu wuchern. Als der Herr nun wiederkommt, folgt die Belohnung:

> *„Da trat der erste herzu und sprach: Herr, dein Pfund hat **10 Pfund** eingebracht. Und er sprach zu ihm: Recht so, du tüchtiger Knecht; weil du im Geringsten treu gewesen bist, sollst du Macht haben über **10 Städte"*** (Verse 16-17).

Der zweite Knecht hatte **fünf Pfund** erwuchert, und ihm wird gesagt: *„Du sollst über **fünf Städte** sein."*

Deutlich erkennen wir hier die direkte Proportionalität des Lohnes zu dem Erwirkten.

Prinzip 2: Fruchterwartung nach dem Maß der anvertrauten Gaben

Dieses Prinzip nennt uns Jesus in Lukas 12,48:

> *„Denn wem viel gegeben ist, bei dem wird man viel suchen; und wem viel anvertraut ist, von dem wird man umso mehr fordern."*

Zu dem Gleichnis von den anvertrauten Pfunden gibt es das **Parallel-Gleichnis von den anvertrauten**

Zentnern in Matthäus 25,14-30. Hier ist ebenfalls von drei Knechten die Rede, wobei jeder unterschiedlich ausgerüstet wurde:

1. Knecht: 5 Zentner
2. Knecht: 2 Zentner
3. Knecht: 1 Zentner

Hier geht Jesus darauf ein, dass wir alle in unterschiedlicher Weise mit Gaben ausgestattet sind.

Wird sich diese Unterschiedlichkeit im Wirken als nachteilig erweisen?

- Hat derjenige, der intelligent ist gegenüber dem weniger Begabten einen Vorteil hinsichtlich seines Lohnes?
- Hat derjenige der reich ist, gegenüber dem Armen einen Vorteil?
- Hat derjenige, der in einem freien Land lebt einen Vorteil gegenüber demjenigen, der in einem totalitäreren Land mit Christenverfolgung lebt?

Antwort: NEIN!

Derjenige, der 5 Zentner erhalten hatte, hat 5 weitere dazu erwirtschaftet. Der andere mit nur 2 Zentnern hat 2 weitere dazu erbracht. Der erste Knecht hat zwar **drei Zentner mehr** erwirtschaftet als der andere, aber in einem sind sie gleich: Sie haben beide den Einsatz **verdoppelt**. Darum lobt der Herr beide mit dem **wortgleichen Urteil**:

„Recht so, du tüchtiger und treuer Knecht, du bist über wenigem treu gewesen, ich will dich über viel setzen; geh hinein zu deines Herrn Freude" (Verse 21+23).

Hieran erkennen wir: Obwohl sie unterschiedlich viel erwirtschaftet haben, nämlich im Verhältnis von 5:2, sind sie im Lohn gleich, nämlich 1:1.

Nun kommen wir zum dritten Prinzip, das uns Gottes Wort vermittelt:

Prinzip 3: Gott handelt gerecht und zugleich großzügig

Dem ersten Knecht wird nichts von seinem Lohn entzogen, wenn der Herr gegenüber dem zweiten großzügig handelt, denn ihm wird ja gesagt:

„Ich will dich über viel setzen!" (Matthäus 25,23b).

Was hat er für einen Nachteil, wenn Gott dem zweiten gegenüber großzügig handelt? Nun, gar keinen! Gott gibt großzügig aus seinem unermesslichen Reichtum – und damit kann er frei umgehen. Die immense Großzügigkeit im Lohn bei Gott drückt Lukas 6,38 aus:

„Ein volles, gedrücktes, gerütteltes und überfließendes Maß wird man in euern Schoß legen."

Dieses Prinzip lernten wir schon bei Salomo kennen, der hier gleichnishaft für Jesus steht:

„Und der König Salomo gab der Königin von Saba ... mehr als die Gastgeschenke, die sie dem König gebracht hatte" (2. Chronik 9,12).

Und nun kommen wir zum 4. Prinzip.

Prinzip 4: Der Unterstützer der Arbeit wird genauso entlohnt wie der, der die Arbeit ausführt

Dieses Prinzip erscheint uns nicht so leicht nachvollziehbar. Die Bibel sagt uns, dass ein Prophet den Lohn eines Propheten erhält. Wir können somit weiter fortfahren:

* Ein *Pastor* erhält den Lohn eines Pastors.
* Ein *Kirchenarchitekt* erhält den Lohn eines Kirchenarchitekten.
* Ein *Evangelist* erhält den Lohn eines Evangelisten.
* Ein *Gemeindeältester* erhält den Lohn eines Gemoindeältesten.

Aber nun kommt die Überraschung:

In Matthäus 10 spricht Jesus vom Lohn der Beherberger, also von den Gastgebern, die Gottes Mitarbeiter aufnehmen. Hier kommt wieder Gottes Güte zum Tragen, denn der Gastgeber erhält genauso viel wie der Mitarbeiter:

„Wer einen Propheten aufnimmt, weil es ein Prophet ist, der wird den Lohn eines Propheten emp-

fangen. Wer einen Gerechten aufnimmt, weil es ein Gerechter ist, der wird den Lohn eines Gerechten empfangen" (Matthäus 10,41).

Wir können es auf unsere Zeit übertragen: Wer einen Missionar in seiner Arbeit durch Gebet und Gaben unterstützt, bekommt auch den Lohn des Missionars.

Dem Missionar wird nichts von seinem Lohn gekürzt, aber der Unterstützer im Hintergrund bekommt **denselben Lohn**. Halten wir dieses *vierte Prinzip* noch einmal fest:

P4: *Im Reich Gottes bekommt der Unterstützer der Arbeit den gleichen Lohn wie der, der die eigentliche Arbeit vor Ort ausführt.*

Nun kommen wir zum fünften Prinzip:

Prinzip 5: Wer gar nicht arbeitet, wird bestraft

Auch dieses *fünfte Prinzip* müssen wir noch zur Kenntnis nehmen. Es weicht völlig von unseren irdischen Regeln ab. Wir können noch nachvollziehen: Wenn jemand gar nicht arbeitet, bekommt er auch keinen Lohn.

Bei Gott gilt ein sehr ungewöhnliches Prinzip:

Wer gar nicht arbeitet, bekommt nicht nur keinen Lohn, sondern er wird zudem noch hart bestraft.

Schauen wir uns das Urteil an, das Jesus dem Mann im Gleichnis von den anvertrauten Pfunden sagt, der sein Pfund vergraben hatte:

> „Nehmt das Pfund von ihm und gebt's dem, der zehn Pfund hat" (Lukas 19,24).

Dieses fünfte Prinzip beschreibt uns Lukas 19,26:

> **P5:** „Wer da hat, dem wird gegeben werden; von dem aber, der nicht hat, wird auch genommen werden, was er hat."

Und nun kommen wir zum *sechsten Prinzip*:

Prinzip 6: Wer überhaupt nicht wirkt im Reich Gottes, geht ewig verloren

Ein ganz unverständliches Prinzip finden wir am Ende des **Gleichnisses von den anvertrauten Zentnern**. Der dritte Knecht hatte nur **einen** Zentner erhalten. Diesen verbarg er aus Angst vor dem Herrn und wucherte nicht damit. Als der Herr wiederkommt, fällt er das Urteil über ihn:

> „Du **böser** und **fauler** Knecht! Wusstest du, dass ich ernte, wo ich nicht gesät habe, und einsammle, wo ich nicht ausgestreut habe? Dann hättest du mein Geld zu den Wechslern bringen sollen, und wenn ich gekommen wäre, hätte ich das Meine wiederbekommen mit Zinsen. Darum nehmt ihm den Zentner ab und gebt ihn dem, der zehn Zentner hat. Denn wer da hat, dem wird gegeben

werden, und er wird die Fülle haben; wer aber nicht hat, dem wird auch, was er hat, genommen werden. Und den unnützen Knecht werft hinaus in die äußerste Finsternis; da wird sein Heulen und Zähneklappern" (Matthäus 25,26-30).

Mit „Heulen und Zähneklappern" und „äußerste Finsternis" ist der Ort der Verlorenheit gemeint, und das ist die Hölle. Das *sechste Prinzip* ist sehr hart.

7. Welcher Art sind die himmlischen Schätze?

Was für ein Ort ist der Himmel? Hierüber gibt uns die Bibel mancherlei Einblicke:

- Es ist unsere ewig-bleibende Heimat.
- Es ist der Ort, wo wir Jesus und Gott den Vater von Angesicht zu Angesicht sehen werden.
- Es ist der Ort der ewigen Liebe.
- Es ist der Ort der ewigen Freude.
- Es ist der Ort ohne Sünde.
- Es ist der Ort ohne Krankheit und Leid.
- Es ist der Ort ohne Tod.
- Es ist der Ort der Herrlichkeit und Vollkommenheit.

In 1. Korinther 2,9 heißt es:

„Was kein Auge gesehen hat und kein Ohr gehört hat und in keines Menschen Herz gekommen ist, was Gott denen bereitet hat, die ihn lieben."

Es stellt sich die Frage: Gibt es zu dem noch etwas hinzuzufügen? Brauchen wir da noch einen Lohn im Himmel?

7.1 Wodurch sind Unterschiede im Himmel gekennzeichnet?

Mehrere Aspekte spielen dabei eine Rolle, von denen wir hier drei benennen wollen:

Aspekt 1:   Die Schätze im Himmel drücken sich in hierarchischen Leitungsfunktionen aus

Auch innerhalb der Engelswelt gibt es verschiedene Rangstufen. Die Bibel spricht von Erzengeln, und in Daniel 10,13 wird Michael als **„einer der Ersten unter den Engelfürsten"** bezeichnet.

In Jesaja 6,2 und in 6,6 ist von den **Serafim** die Rede, die sechs Flügel haben. An vielen Stellen der Bibel werden **Cherubim** genannt.

Im Gleichnis von den anvertrauten Pfunden gibt es den Unterschied, dass der eine über 10 Städte herrschen wird und der andere über 5 Städte. Diese Herrschaftsfunktionen sind die direkte Folge der Frucht, die in Abwesenheit des Herrn erwirtschaftet wurde.

Aspekt 2:   Schätze im Himmel finden ihren Ausdruck in dem besonderen Namen, den Jesus uns geben wird

„Auf dem Stein ist ein neuer Name geschrieben" (Offenbarung 2,17).

– Der Name wird einmalig im Himmel sein.
– Der Name repräsentiert Anerkennung und Ehre.
– Der Name beschreibt in treffender Weise das Wesen unserer Person, aber auch die Wertschätzung, mit der Jesus uns begegnet.

Aspekt 3: Die Schätze im Himmel werden durch Kronen ausgedrückt

Betrachten wir zunächst die **weltlichen Kronen.** Die Kronen der Könige und Kaiser waren äußere Zeichen ihrer Macht und Majestät. Im Mittelalter wurden die Kaiser vom Papst gekrönt – so z. B. *Karl der Große* in Rom durch Papst *Leo III* am 25.12.800. *Napoleon* setzte sich in Gegenwart des Papstes am 2. Dezember 1804 in Paris selbst die Kaiserkrone auf.

Von allen **Kronen in dieser Welt** kann man sagen:

• ihre Träger besaßen sie nur, bis die Zeit ihrer Herrschaft vorüber war
• Kaiser und Könige trugen ihre Kronen meistens bis zum Lebensende
• die wertvollen Kronen mussten sorgsam aufbewahrt werden – unter Panzerglas oder in gesicherten Verstecken, damit sie nicht gestohlen wurden
• Kronen der Schönheitsköniginnen, Weinköniginnen, Bierköniginnen, Blütenköniginnen … werden meistens nur für ein Jahr verliehen.

Alle diese Kronen sind nur für begrenzte Zeit gültig. In dieser Welt gibt es nichts Dauerhaftes!

Wir kommen nun zu den **ewigen Kronen.** Das sind Kronen,

- deren Träger sie ewig tragen werden,
- die also nie ihre Bedeutung verlieren,
- die nie in Sicherheit gebracht werden müssen
- und deren Träger damit geehrt werden.

Es sind dies die Kronen im Himmel! Abgesehen von den Kronen Jesu werden auch Menschen Kronen im Himmel tragen.

Beachte: Alle Kronen, die Menschen im Himmel tragen, werden auf der Erde erworben.

Es kann sein, dass Menschen, die eine irdische Krone trugen, nie wieder eine Krone tragen werden, weil sie in ihrem Leben nicht für die ewige Krone sorgten. Andererseits können Menschen, denen es auf dieser Erde nie vergönnt war, eine Krone zu tragen, in Ewigkeit Kronenbesitzer werden. Und dazu sind wir alle eingeladen!

7.2 Im Himmel wird Jesus der König sein

In der Geburtsankündigung Jesu durch den Engel Gabriel heißt es in Lukas 1,32-33:

*„Der wird groß sein und Sohn des Höchsten ge-
nannt werden; und Gott der Herr wird ihm den
Thron seines Vaters David geben, und **er wird König sein** über das Haus Jakob in Ewigkeit, und
sein Reich wird kein Ende haben."*

Bei der Wiederkunft wird sein Königtum für alle sichtbar:

*„Wenn aber der Menschensohn kommen wird in
seiner Herrlichkeit, ... dann wird er sitzen auf dem
Thron seiner Herrlichkeit. ... Da wird dann **der König** sagen zu denen zu seiner Rechten: ..."* (Matthäus 25,31+34).

Jesu Reich besteht nach Hebräer 1,8 von Ewigkeit zu
Ewigkeit:

„Aber von dem Sohn heißt es (und nun folgt ein
Zitat aus Psalm 45,7-8)*: ‚Gott, dein Thron währt
von Ewigkeit zu Ewigkeit'."*

Von dem gekrönten Christus spricht Offenbarung
19,12+16:

*„Und seine Augen sind wie eine Feuerflamme,
und auf seinem Haupt sind **viele Kronen** (Dia-
deme); und er trug einen Namen geschrieben, den
niemand kannte als er selbst ... und trägt einen
Namen geschrieben auf seinem Gewand und auf
seiner Hüfte: **König aller Könige** und **Herr aller
Herren**."*

7.3 Kronen für die Menschen

Zwei Kronenarten wollen wir hier betrachten.

Die Seelengewinner-Krone

Vom 5. bis 8. Juni 2005 war ich zu einer Zeltevangelisation in Gevelsberg in Westfalen. Im anliegenden kleinen Zelt lud ich zur Seelsorge ein.

Am ersten Abend kam eine Frau zum Gespräch. Sie sagte: „Ich bin schon gläubig, aber ich habe meine Kollegin mitgebracht." Diese Kollegin entschied sich für Jesus.

Am dritten Abend kam diese Frau wieder ins kleine Zelt. Sie sagte: „Ich war schon am ersten Abend hier, und heute habe ich eine weitere Kollegin mitgebracht." Das Wunder geschah, auch diese Kollegin bekehrte sich.

Am vierten Abend brachte sie ihre Nachbarin mit. Ich konnte es kaum fassen, auch die Nachbarin bekehrte sich.

Erst im Nachhinein wurde mir der Dienst dieser Frau sehr bedeutsam. Sie hatte durch ihre Vorarbeit und ihre Gebete und ihr Mitbringen drei Seelen gewonnen. Sie kam gar nicht aus Gevelsberg, sondern aus Wetter. Das ist eine „Seelen-Gewinnerin". Ich bin mir sicher, dass sie bei diesen dreien nicht aufgehört hat. Es ist ihr Lebensstil, Menschen für Jesus zu gewinnen.

Die Krone des Lebens

Von der Krone des Lebens lesen wir in Jakobus 1,12:

„Selig ist der Mann, der die Anfechtung erduldet; denn nachdem er bewährt ist, wird er die Krone des Lebens empfangen, die Gott verheißen hat denen, die ihn lieben."

Wir nennen hier drei Beispiele:

1. *Martin Luther:* Einer, der die Anfechtung des Feindes in besonderer Weise durchstanden hat, war der Reformator *Martin Luther*. In seinem bekannten Lied *„Ein feste Burg ist unser Gott"* dichtete er:

„Und wenn die Welt voll Teufel wär
und wollt uns gar verschlingen,
so fürchten wir uns nicht so sehr,
es soll uns doch gelingen.
Der Fürst dieser Welt,
wie saur er sich stellt,
tut er uns doch nicht,
das macht, er ist gericht't:
Ein Wörtlein kann ihn fällen."

2. *Julie Katharina Hausmann:* Eine weitere Person kommt mir in den Sinn. Es ist *Julie Katharina Hausmann* (1826-1901) aus Estland. Sie war seit 1870 Musiklehrerin an der St. Annenschule zu Petersburg.

Im Alter von 36 Jahren schreibt sie: Hinter mir liegt eine lange Reise. Vor einiger Zeit habe ich meinen zukünftigen Mann kennen gelernt. Er ist Missionar in Afrika. Vor seiner Abreise haben wir uns verlobt und nun bin ich ihm nachgereist, nachdem auch ich alle notwendigen Papiere zusammen hatte. Wir haben uns so auf unsere Hochzeit und unseren gemeinsamen Dienst gefreut. Doch als ich in Afrika ankam, war mein Verlobter nicht am Hafen. Ich traf den Missionsleiter, und er führte mich zu einem Grab. Es war das Grab meines Verlobten. Er war wenige Tage zuvor an einer schweren Infektion gestorben. Ich war zutiefst erschüttert und wollte nur noch allein sein mit meinem Gott. Ich setze mich und schrieb in mein Tagebuch folgendes Gebet:

So nimm denn meine Hände und führe mich
bis an mein selig Ende und ewiglich!
Ich mag allein nicht gehen, nicht einen Schritt;
wo du wirst gehn und stehen, da nimm mich mit.

In dein Erbarmen hülle mein schwaches Herz,
und mach es gänzlich stille in Freud und Schmerz.
Lass ruhn zu deinen Füßen dein armes Kind;
es will die Augen schließen und glauben blind.

Wenn ich auch gleich nichts fühle von deiner Macht,
du führst mich doch zum Ziele auch durch die Nacht:
So nimm denn meine Hände und führe mich
bis an mein selig Ende und ewiglich.

3. *Verfolgte Christen in unserer Zeit:* In Matthäus 5,10-12 preist Jesus eine Gruppe seiner Nachfolger selig:

„Selig sind, die um der Gerechtigkeit willen verfolgt werden; denn ihrer ist das Himmelreich. Selig seid ihr, wenn euch die Menschen um meinetwillen schmähen und verfolgen und reden allerlei Übles gegen euch, wenn sie damit lügen. Seid fröhlich und getrost; es wird euch im Himmel reichlich belohnt werden."

Wen meint Jesus mit diesem Wort? In allen Jahrhunderten wurden Christen verfolgt. Mit Stand vom 18.01.2023 bezifferte der Weltverfolgungs-Index[2] die Zahl der verfolgten Christen auf 360 Millionen in 50 Ländern. Das sind weltweit so viele wie noch nie zuvor. Das Hilfswerk „Open Doors" verzeichnet auch die jährlich ermordeten Christen – soweit diese Zahlen zu ermitteln sind. Aus der Liste der Christen verfolgenden Länder benennen wir hier nur die ersten zehn. Das kommunistische Nordkorea nimmt den Platz 1 der Christenverfolgung ein. Dann folgen die muslimischen Länder Somalia, Jemen, Eritrea, Libyen, Nigeria, Pakistan, Iran, Afghanistan, Sudan.

Die verfolgten Christen sind in Gefängnissen ohne Hoffnung weggesperrt. Häufig sind es – wie in Nordkorea – Arbeitslager, in denen der Rufname durch eine Nummer ersetzt wird. Sie werden isoliert von der

---

[2] „Open Doors" berichtete mit Stand von März 2023: Weltweit sind **mehr als 360 Millionen Christen** wegen ihres Glaubens intensiver Verfolgung und Diskriminierung ausgesetzt. In den 50 Ländern des Weltverfolgungsindex gilt dies sogar in einem sehr hohen bis extremem Maß.
https://www.opendoors.de/christenverfolgung

Gemeinschaft der Familie, erleiden Hunger und Kälte und werden wie Aussätzige behandelt und gedemütigt. Diese Verfolgten sind dennoch nie alleine, denn Jesus ist ihnen immer nahe: *„Siehe, ich bin bei euch alle Tage bis an der Welt Ende"* (Matthäus 28,20).

Teil II:
Vergebung grenzenlos?

Das Gleichnis vom Schalksknecht
(Matthäus 18,21-35)

1. Hauptthema der Gleichnisse

Thematisch geht es bei den Gleichnissen Jesu um Aspekte der Ewigkeit, die anhand alltäglicher Situationen erklärt werden. Es geht zentral um den Ort der ewigen Errettung oder auch der ewigen Verlorenheit. Zur Debatte steht vordergründig der Himmel[3], aber der alternative Ort der Verlorenheit, die Hölle, bleibt nicht ausgeklammert. In den Evangelien ist immer wieder vom *Reich Gottes* die Rede – bei Matthäus heißt es meistens „das Himmelreich". Der einleitende Satz ist fast immer gleich:

---

[3] Der Himmel ist die Wohnung Gottes und auch die ewige Heimat Jesu Christi. Es ist auch der Aufenthaltsort der Engel und auch der endgültige Ort der Erlösten. In synonymer Weise spricht Matthäus vom *„Himmelreich"*, und in den anderen Evangelien ist meistens vom *„Reich Gottes"* die Rede. Paulus sagt in Philipper 3,20: *„Unser Bürgerrecht aber ist im Himmel."* Jesus verspricht dem einen Schächer am Kreuz: *„Heute wirst du mit mir im Paradies sein"* (Lukas 23,43). Das Paradies ist der Aufenthaltsort der Erlösten unmittelbar nach dem Tod bis zur Auferstehung.

Das *Himmelreich* ist gleich ...

- einem Sauerteig, den eine Frau nahm,
- einem Senfkorn, das ein Mensch nahm und auf seinen Acker säte
- einem Schatz, verborgen im Acker,
- einem Netz, das ins Meer geworfen ist.

In Matthäus 13,10-11a sagt uns der Herr Grundlegendes zu den Gleichnissen:

> *„Und die Jünger traten zu ihm und sprachen: Warum redest du zu ihnen in Gleichnissen? Er antwortete und sprach: Euch ist's gegeben, dass ihr die* **Geheimnisse des Himmelreiches** *versteht, diesen aber ist's nicht gegeben."*

Die Gleichnisse reden also stets vom Himmelreich.
Drei Fragen werden darin beantwortet:

- Was ist das Wesen des Himmels?
- Wie komme ich in den Himmel?
- Wer kommt in den Himmel und wer nicht?

Es ist klar, dass Jesus der einzige Weg zum Himmel ist, denn er sagte, dass ohne ihn niemand zum Vater kommen könne. Es gilt aber auch: *„Ringet danach!"* (Lukas 13,24). Wie dieses Ringen geschieht, das vermitteln uns die Gleichnisse. An einigen Beispielen wollen wir uns einzelne Aspekte anschauen:

a) Gleichnis vom Schatz im Acker (Matthäus 13,44):
Das Reich Gottes ist verborgen. Es liegt nicht auf der

Straße. Aber wenn ich darauf stoße – wenn es mir verkündigt wird, dann habe ich zuzugreifen.

Aspekt: Heute, so ihr seine Stimme höret, ergreift das ewige Leben (Hebräer 4,7; 1. Timotheus 6,12).

b) Gleichnis vom Kaufmann und der Perle (Matthäus 13,45-46): Das Reich Gottes ist das Kostbarste, was es gibt – symbolisiert durch die kostbare Perle. Man muss sie suchen.

Aspekt: Das Himmelreich finden die Suchenden.

c) Gleichnis vom verlorenen Sohn (Lukas 15,11-32): Das Reich Gottes ist das Vaterhaus. Der Himmel ist, wo Gott, der Vater ist. Der verlorene Sohn musste sich aufmachen; er musste sich für den Heimweg entscheiden.

Aspekt: Ins Himmelreich gelangen nur die Heimkehrer, die sich bewusst auf den Weg Gottes begeben. Wer nicht kommt, bleibt verloren.

d) Gleichnis von den anvertrauten Pfunden (Lukas 19,11-27): Das Wesen des Reiches Gottes ist Herrschaft. Dort sind wir zum Königtum berufen.

Aspekt: Es ist Gottes Wille, dass wir mit anvertrauten Pfunden wuchern. Das uns anvertraute Gut ist das Wort Gottes. Wir sollen es nicht verstecken, sondern weitersagen!

Nachfolgend werden wir uns nun mit jenem Aspekt des Himmelreiches befassen, der in dem Gleichnis von dem Schalksknecht verborgen ist.

2. Das Gleichnis vom Schalksknecht[4] (Bibeltext)

Matthäus 18,21-35 (Luther-Übers. 1984)

21 *Da trat Petrus zu ihm und fragte: Herr, wie oft muss ich denn meinem Bruder, der an mir sündigt, vergeben? Genügt es siebenmal?*

22 *Jesus sprach zu ihm: Ich sage dir: nicht siebenmal, sondern siebzigmal siebenmal.*

23 *Darum gleicht das Himmelreich einem König, der mit seinen Knechten abrechnen wollte.*

24 *Und als er anfing abzurechnen, wurde einer vor ihn gebracht, der war ihm zehntausend Zentner Silber schuldig.*

---

[4] In dem mittelalterlichen Wort „Schalk" schwingt neben der Bosheit auch eine gewisse Schläue, List oder Tücke mit, mit der sich der Knecht die Vergebung des Gläubigers erschlichen hat, obwohl er sie nicht verdiente, weil er selbst nicht zu vergeben bereit war. „Schalk" lässt sich auch als Dummkopf verstehen, der nicht begreift, dass er durch seine Unbarmherzigkeit die Barmherzigkeit verspielt, die ihm selbst zuteil wurde. Hilfreich zum Verständnis können auch die Überschriften sein, die einzelne Übersetzungen dem Gleichnis geben:
- Luther 1984: Von der Vergebung („Schalksknecht")
- Hoffnung für alle; Jerusalemer Bibel: Das Gleichnis vom unbarmherzigen Schuldner
- Züricher: Das Gleichnis vom großmütigen König und von seinem unbarmherzigen Knecht
- Elberfelder, Schlachter 2000: Das Gleichnis vom unbarmherzigen Knecht
- Neues Leben: Das Gleichnis vom uneinsichtigen Schuldner
- New International Version: The Parable of the Unmerciful servant (vom unbarmherzigen Diener).

25 *Da er's nun nicht bezahlen konnte, befahl der Herr, ihn und seine Frau und seine Kinder und alles, was er hatte, zu verkaufen und damit zu bezahlen.*

26 *Da fiel ihm der Knecht zu Füßen und flehte ihn an und sprach: Hab Geduld mit mir; ich will dir's alles bezahlen.*

27 *Da hatte der Herr Erbarmen mit diesem Knecht und ließ ihn frei, und die Schuld erließ er ihm auch.*

28 *Da ging dieser Knecht hinaus und traf einen seiner Mitknechte, der war ihm hundert Silbergroschen schuldig; und er packte und würgte ihn und sprach: Bezahle, was du mir schuldig bist!*

29 *Da fiel sein Mitknecht nieder und bat ihn und sprach: Hab Geduld mit mir; ich will dir's bezahlen.*

30 *Er wollte aber nicht, sondern ging hin und warf ihn ins Gefängnis, bis er bezahlt hätte, was er schuldig war.*

31 *Als aber seine Mitknechte das sahen, wurden sie sehr betrübt und kamen und brachten bei ihrem Herrn alles vor, was sich begeben hatte.*

32 *Da forderte ihn sein Herr vor sich und sprach zu ihm: Du böser Knecht! Deine ganze Schuld habe ich dir erlassen, weil du mich gebeten hast;*

33 *hättest du dich da nicht auch erbarmen sollen über deinen Mitknecht, wie ich mich über dich erbarmt habe?*

34 *Und sein Herr wurde zornig und überantwortete ihn den Peinigern, bis er alles bezahlt hätte, was er ihm schuldig war.*

35 *So wird auch mein himmlischer Vater an euch tun, wenn ihr einander nicht von Herzen vergebt, ein jeder seinem Bruder.*

Dieses Gleichnis ist aus meiner Sicht eines der schwierigsten überhaupt. Möge Gott Gnade schenken, es nun richtig auszulegen!

3. Eine außergewöhnliche Geschichte mit rigorosem Ausgang?

―――――――――

Es ist ein merkwürdiges Gleichnis, das Jesus hier erzählt. Es sprengt alle Vorstellungen, die wir weithin von Gott haben. Ein Ausleger sagte nicht zu Unrecht: **Es ist ein krasser Text!** Warum?

Nun, da ist von einem Mann die Rede, der nach heutiger Rechnung 19,2 Milliarden Euro an Schulden angehäuft hat (Rechnung siehe Teil II, Kapitel 5.1). Dafür müsste er 625 500 Jahre arbeiten, bis die Schuld beglichen wäre. Man fragt sich gleich: Wie ist es überhaupt möglich, dass eine Einzelperson zu solch einem immensen Schuldenberg kommen kann? Der Schuldner bittet um Aufschub, obwohl er weiß, nie und nimmer kann er diese Schuld abtragen. Aber der König ist so großzügig, dass er ihm kurzerhand die gigantische Summe von 19,2 Milliarden € vollständig erlässt. Was mag das für ein König sein, der so verschwenderisch mit dem Geld umgeht?

Gerade eben von seiner Schuld befreit, trifft der Knecht auf einen Mitknecht. Dieser schuldet ihm nur 100 Denare (das sind umgerechnet 9600 €) – das ist nur ein Anteil von 0,000 000 005 von dem, was ihm selbst erlassen wurde. Da er das Geld nicht aufbringen kann, lässt er den Mitknecht sogleich mitleidlos ins Gefängnis werfen.

Jeder, der diese Geschichte hört, ist entsetzt. Die Mitknechte, die das sahen, sind nicht nur wütend, sondern *traurig* und zutiefst *betroffen*. Wie kann einer sich nur so verhalten? Echt krass!

Aber das Schlimmste kommt noch: Der König stellt den Knecht zur Rede und nimmt seinen soeben gewährten Schuldenerlass wieder zurück.

Jetzt kommt noch der Hammer: So wie der unbarmherzige Knecht seinen Mitknecht ins Gefängnis warf, tut es jetzt der zuvor so barmherzige König auch. Ja, er überlässt ihn sogar den Folterknechten.

Was ist die Botschaft dieses Gleichnisses für uns?

4. Hintergrundinformationen zu dem Gleichnis

Zum Verständnis des Gleichnisses müssen wir zunächst einige Begriffe erklären:

Erster Begriff: **König**

> *„Darum gleicht das Himmelreich einem **König"***
> (Vers 23).

Wer ist dieser König? Es könnte Gott der Vater sein oder auch Jesus, denn beide werden in der Bibel als König bezeichnet, und beide haben einen Thron im Himmel:

1. Timotheus 1,17 nennt Gott, den Vater, als König:

> *„Aber Gott, dem ewigen **König**, ... sei Ehre und Preis in Ewigkeit! Amen."*

Aber auch Jesus ist König, wie es zahlreiche Bibelstellen belegen. In der Geburtsankündigung Jesu durch den Engel Gabriel heißt es in Lukas 1,32-33:

> *„Der wird groß sein und Sohn des Höchsten genannt werden; und Gott der Herr wird ihm den Thron seines Vaters David geben, und **er wird König** sein über das Haus Jakob in Ewigkeit, und sein Reich wird kein Ende haben."*

Vor Pilatus bezeugt Jesus: *„Mein Reich ist nicht von dieser Welt"* (Johannes 18,36). Als Pilatus ihn daraufhin befragt: *„So bist du dennoch ein König?"*, antwortet Jesus: ***„Du sagst es, ich bin ein König"*** (Johannes 18,37).

In Offenbarung 19,16 wird von Jesus gesagt, dass auf seinem Gewand geschrieben steht: ***„König aller Könige*** *und Herr aller Herren."*

Vor welchem König müssen wir uns einmal verantworten – vor Gott, dem Vater, oder vor Jesus, dem Sohn

Gottes? Die Antwort finden wir in Apostelgeschichte 17,31:

> *„Denn er (= Gott) hat einen Tag festgesetzt, an dem er den Erdkreis richten will mit Gerechtigkeit durch einen Mann, den er dazu bestimmt hat, und hat jedermann den Glauben angeboten, indem er ihn von den Toten auferweckt hat."*

Der Richter ist somit derjenige, den Gott von den Toten auferweckt hat, und das ist Jesus. Noch deutlicher steht es in 2. Korinther 5,10:

> *„Denn wir müssen alle offenbar werden vor dem Richterstuhl Christi, damit jeder seinen Lohn empfange für das, was er getan hat bei Lebzeiten, es sei gut oder böse."*

Zweiter Begriff: **Knecht**

Nach dem Neuen Testament ist ein Knecht ein Diener. Entweder dienen wir der Sünde – wie es in Johannes 8,34 steht: *„Wer Sünde tut, der ist der Sünde **Knecht**"*, oder wir dienen Gott und dem Herrn Jesus.

Paulus bezeichnet sich in Römer 1,1 als *„ein **Knecht** Jesu Christi."*

In Offenbarung 22,3 lesen wir:

> *„Und der Thron Gottes und des Lammes wird in der Stadt sein, und **seine Knechte** werden ihm dienen."*

Halten wir fest: Der genannte Knecht im Gleichnis ist kein Gottloser, sondern ein Christ. Es ist noch offen, ob er ein Namenschrist oder ein wiedergeborener Christ ist.

Dritter Begriff: **Schuld**

Mit der Schuld in diesem Gleichnis ist jene Schuld gemeint, die ein Mensch vor Gott hat (Sünde), aber auch gegenüber anderen Menschen.

5. Die Schuldenhöhe

Im Gleichnis werden zwei Schuldbeträge genannt, die aber so auffallend unterschiedlich sind, dass wir sie genauer betrachten müssen:

Luther übersetzt hier sehr frei, wenn er die „Talente" als „Zentner Silber" und die „Denare" als „Silbergroschen" deutet:
- Schulden des Knechtes bei Gott: 10 000 Zentner Silber
- Schulden des Mitknechtes: 100 Silbergroschen (Luther-Übers. 1984).

Nach dem griechischen Neuen Testament betragen
- die Schulden des Knechtes bei Gott **10 000 Talente**
- und die Schulden des Mitknechtes **100 Denare**.

Zunächst ermitteln wir die **Höhe der Schulden aus unserer heutigen Sicht**.

5.1 Rechnung mit Gold

Ein Talent ist eine Gewichtseinheit, und das sind (nach Elberfelder Bibel 2006) 34 kg. Heutiger Goldpreis[5] laut Internet (Februar 2023) = 56,36 €/g = 56 360 €/kg. Gesamtwert der 10 000 Talente = 10 000 × 34 kg × 56 360 €/kg = 19,2 Milliarden €.

Ein Denar ist eine Münzeinheit, und darum sind Talente nicht direkt in Denare umrechenbar. Wir können nur einen Wertevergleich vornehmen. Zur Zeit Jesu betrug der Tageslohn eines Tagelöhners und auch der Sold eines römischen Soldaten ein Denar.

Setzen wir einen heutigen Stundenlohn von 12 €/h an, dann ergibt das einen Tageslohn von 8 × 12 = 96 €.

Somit entsprechen 100 Denare = 100 Tageslöhne oder 100 × 96 € = 9 600 €.

Die Schuld des Knechtes bei dem König betrug demnach:
–   19,2 Milliarden € / (96 €/Tageslohn) = 200 Millionen Tageslöhne.

---

[5] Der aktuelle Goldpreis vom 09.01.2023 betrug 56,36 €/g – laut https://www.goldpreis.de

Das sind:

- 200 Millionen Tageslöhne / (320 Arbeitstage/Jahr)
- = 625 000 Jahreslöhne.

Das kann niemand abarbeiten!

Verhältnis: 625 000 Jahreslöhne : 100 Tageslöhne
oder   200 000 000 Tageslöhne : 100 Tageslöhne
oder   2 Millionen : 1

Der Knecht hatte also eine unvergleichlich höhere Schuld bei dem König als der Mitknecht bei ihm. Der Faktor liegt nach unserer Rechnung bei 2 Millionen!

5.2 Die Schuldenhöhen aus damaliger Sicht[6]

Ein typisches Segelschiff zur Zeit des römischen Staatsmanns *Julius Caesar* kostete 1 Talent oder 34 kg Gold. 10 000 Talente entsprachen also dem Wert einer Flotte von 10 000 Segelschiffen.

Die als sehr groß geltende Flotte der Spanier, die Armada, verfügte über 133 Segelschiffe. Der spanische König *Philipp II.* zog 1588 mit der Armada gegen England, aber die Seeschlacht ging verloren.

Vergleicht man den Gegenwert von 10 000 Talenten mit Segelschiffen, dann entspräche das einer Flotte,

---

6   http://www.cosmiq.de/qa/show/2536461/Wieviel-Wert-war-ein-Talent-Waehrung-zur-Zeit-Julius-Caesars/

die 75-mal so groß wäre wie die berühmte spanische Armada. So hoch ist das Schuldenkonto des Knechtes, das er bei dem König hat. Eine gigantische Summe! Eine Umrechnung in heutige Euros haben wir bereits durchgeführt. Betrachtet man die Schuldenhöhe in damaliger Zeit, so dürfte sie wohl noch größer sein als 19 Milliarden Euro.

Wie kommt es, dass Jesus die Schuld des Knechtes vor Gott so außergewöhnlich hoch ansetzt? Die Antwort finden wir in der Bergpredigt. Dort sagt Jesus in Matthäus 5,22:

> *„Wer mit seinem Bruder zürnt … und sagt: Du Narr!, der ist des höllischen Feuers schuldig."*

Das ist für uns schwer nachvollziehbar. Aber Jesus führt uns damit vor Augen: In unserm Leben ist die Schuldenlast vor Gott so unermesslich hoch, dass niemand in der Lage ist, sie zu begleichen. Schon eine Sünde wiegt so schwer, dass sie uns unweigerlich in die Hölle reißt.

6. Was ist die Voraussetzung für den Zugang zum Himmel?

In Offenbarung 21,27 heißt es: *„Und nichts Unreines wird hineinkommen."* Damit ist gesagt: Gott lässt keine einzige Sünde in seinen Himmel hinein!

Nach einem Vortrag kam ein junger Mann auf mich zu. Er hatte sich auf einem Zettel fünf Fragen notiert, auf die er eine Antwort suchte. Vier davon habe ich längst vergessen; aber *eine* ist mir wegen der grundlegenden Bedeutung in Erinnerung geblieben. Er fragte:

„Sie haben gesagt: Gott ist ein Gott der Liebe und weiterhin ist er allmächtig. So kann er doch die Tore zum Himmel weit öffnen und jedermann in den Himmel hineinlassen. Was soll der ganze Aufwand mit dem Kreuz Jesu und all dem Blutvergießen?"

Wir leben hier auf einer Erde mit sehr viel Not und Elend. Es gab zwei Weltkriege mit Millionen und Abermillionen von Toten. Ja, die Menschheitsgeschichte lässt sich als eine Geschichte von Kriegen, von Leid und Tod und Elend beschreiben. Was ist die tiefe Ursache für alles? Am Anfang der Weltgeschichte gab es den Sündenfall, und in der Welt, in der wir leben, beobachten wir all seine Folgen. Von nur einer einzigen Sünde ging alles aus. Die Sünde hat eine eskalierende Wirkung und hat die einst sehr gute Schöpfung kaputt gemacht.

So stellte ich ihm die Frage: „Was passiert, wenn Gott uns – so wie wir sind mit all unserer Sünde – in den Himmel lässt?"

Sehr schnell fand er selbst die Antwort: „Dann ist der Himmel bald dahin, und Leid und Tod halten auch dort Einzug."

Genau das ist es! Weil wir alle gesündigt haben, muss die Sünde von uns entfernt werden, damit wir in den Himmel eingehen können. Da wir zahlungsunfähig sind, können wir nur dann in den Himmel kommen, wenn jede Sünde bezahlt wird, und das hat Jesus für uns am Kreuz getan. Wer von ihm Vergebung erbittet, erhält sie. Und nur wem vergeben ist, dem öffnen sich die Tore zum Himmel. Wer mit unvergebener Schuld stirbt, geht ewig verloren.

7. Wie viel Vergebung ist bei Gott möglich?

Nach einem Vortrag (im Erzgebirge) meldete sich in der Diskussion eine Frau mit der Frage: „Kann einem Menschen vergeben werden, der 1000 andere umgebracht hat?" Schon der Ton ihrer Stimme machte mir klar, es war eine Fangfrage.

So fragte ich zurück: „Was würden Sie aus Ihrer Sicht sagen, wo sollte die Grenze der Vergebung gesetzt werden? Soll sie bei einem Getöteten liegen, bei 3, bei 50, bei 100 oder wo sonst?" Sie gab daraufhin keine Antwort. Und so fuhr ich fort:

„Jesus sagte deutlich: ‚Ich bin gekommen, die Sünder zu rufen' (Matthäus 9,13). Und ein Mörder ist zweifelsfrei ein Sünder. Jesus hat bezüglich seiner Vergebungskraft keine Grenze markiert. So kann auch jemandem vergeben werden, wenn er 1000 umgebracht hat und dies von Herzen bereut und Jesus um Vergebung bittet."

Über diese Antwort war die Frau entsetzt und fügte hinzu: „Dann möchte ich nicht im Himmel sein, wenn da solche Leute sind!"

„Ja, das kann man heute schon sagen: Im Himmel werden nur Sünder sein, und zwar ganz besondere – nämlich begnadigte Sünder. Wenn dem nicht so wäre, hätten Sie und ich keine Chance, dorthin zu kommen. Unsere Zugehörigkeit zu Jesus und die Abgabe unserer Schuld unter seinem Kreuz machen alle, die an ihn glauben, frei von aller Sünde. Wenn Sie nicht in den Himmel wollen, dann müssen Sie die einzige Alternative kennen, und das ist die Hölle. Eine dritte Möglichkeit gibt es nicht. Dort sind all die Mörder der Weltgeschichte, die nicht nur 1000, sondern Millionen Menschen auf ihrem Gewissen haben und keine Vergebung gesucht haben. In der Hölle sind aber weiterhin auch all jene, die keinen einzigen umgebracht haben, aber sich ebenfalls nie bekehrt haben. Entscheiden Sie richtig, damit Sie nicht an einen Ort kommen, an dem Sie ewig jammern, weil Sie zu irdischer Lebenszeit eine falsche Entscheidung trafen!"

Gott sagt uns in seinem Wort in Jesaja 1,18:

„Wenn eure Sünde auch blutrot ist, soll sie doch schneeweiß werden, und wenn sie rot ist wie Scharlach, soll sie doch wie Wolle werden."

Hieran wird deutlich, die göttliche Vergebungskraft kennt keine Grenze. Damit wir diesen Gedanken in uns festigen, möchte ich uns dies an drei Beispielen vor Augen führen:

7.1 Manasse – ein beeindruckendes Beispiel aus der Bibel

Von einem außergewöhnlichen Beispiel ist in der Bibel berichtet. In Israel regierte der König Manasse; er war der Sohn Hiskias. Manasse kann als einer der größten Sünder in Israel angesehen werden. Davon lesen wir im 2. Buch Könige, Kapitel 21:

- Er richtete dem Götzen Baal Altäre auf und machte ein Bild der Aschera, das angebetet wurde.
- Er ließ seinen Sohn durchs Feuer gehen und hielt sich an Geisterbeschwörer.
- Manasse verführte das Volk, so dass sie es mit der Sünde noch schlimmer trieben als die Heiden.
- Manasse vergoss so viel unschuldiges Blut, *„bis Jerusalem ganz voll davon war"*.

Manasse wurde nach Babel entführt. Dort tat er Buße und bat um Vergebung all seiner großen Schuld (Apokryphes Buch „Das Gebet Manasses"):

[9] *„Ich habe gesündigt, und meine Sünden sind zahlreicher als der Sand am Meer, und ich gehe gekrümmt in schweren, eisernen Banden und finde keine Ruhe, weil ich deinen Zorn erweckt und viel Böses vor dir damit getan habe.*

¹⁰ *Nun aber beuge ich die Knie meines Herzens und bitte dich, Herr, um Gnade.*
¹³ *Ich bitte und flehe: Vergib mir, Herr, vergib mir!"*

Ihm wurde vergeben!

7.2 Grenzenlose Vergebung

Der bekannte amerikanische Evangelist *Dwight L. Moody* (1837-1899) versuchte einmal seinen Zuhörern die unvorstellbare Weite der Vergebungsbereitschaft Jesu anschaulich zu erklären. Dazu verwendete er ein fiktives Zwiegespräch zwischen Jesus und Petrus:

Petrus fragt: „Ist es wirklich deine Meinung, Herr, dass wir das Evangelium *allen* Menschen predigen sollen? Auch jenen Sündern, die dich gemartert haben?"

„Ja, Petrus, bietet denen das Evangelium zuerst an.

Macht euch auf die Suche nach jenem Mann, der mir ins Gesicht gespuckt hat. Sagt ihm, dass ich ihm vergebe.
Sucht den Mann, der mir die Dornenkrone auf die Stirn gedrückt hat. Sagt ihm, dass ich in meinem Reich eine Krone für ihn bereithalte, wenn er das Heil annehmen will.
Sucht den Mann, der mir das Rohr aus der Hand nahm und mich damit geschlagen hat. Ich will ihm ein Zepter geben, und er soll mit mir auf meinem Thron sitzen.

Sucht den Mann, der mir mit der Hand ins Gesicht geschlagen hat. Sagt ihm, dass mein Blut rein macht von allen Sünden und dass es auch für ihn vergossen wurde.

Sucht den Soldaten, der mir den Speer in die Seite stieß. Sagt ihm, dass es einen näheren Weg zu meinem Herzen gibt als diesen."

7.3 Der Weltkriegsverbrecher

Nun will ich ein Beispiel nennen, bei dem wir sicherlich den Atem anhalten. Es geht um *Hans Frank* (1900-1946). Er war 1923 an dem Hitlerputsch in München beteiligt, und bei dem Marsch zur Feldherrnhalle erwies er sich als treuer Gefolgsmann *Adolf Hitlers.*

Im Oktober 1939 – also kurz nach dem Überfall auf Polen zu Beginn des Zweiten Weltkrieges – war er der oberste Leiter des besetzten Teiles Polens, das nicht dem Deutschen Reich einverleibt worden war. Diesen Teil nannte man Generalgouvernement, und *Frank* war der Generalgouverneur dieses Gebietes.

Frank[7] stand für den Dünkel des deutschen Herrenmenschen und vertrat einen gnadenlosen Antisemitismus. Er lebte so verschwenderisch auf der gotischen Burg Krakau in Südpolen, dass *Göring* ihn verächtlich als „König Stanislaus" titulierte. Er zeichnete verantwortlich

---

[7] https://de.wikipedia.org/wiki/Hans_Frank

- für die Ermordung der polnischen Führungsschicht,
- für die totale Ausplünderung des Landes,
- für die Deportation von rund einer Million polnischer Zwangsarbeiter in die deutschen Rüstungsfabriken
- und für ein Programm, das den Mord an 3 Millionen Juden zur Folge hatte.

Die Polen nannten ihn den „Schlächter der Polen".

Bezüglich seiner Taten führte er akribisch Buch. Seine sogenannten „Diensttagebücher" umfassten 11 367 Seiten. Bei den Nürnberger Prozessen gegen die Hauptkriegsverbrecher (20.11.1945 - 01.10.1946) übergab er den Richtern freiwillig diese Bücher. Er wurde zum Tode verurteilt und am 16. Oktober 1946 hingerichtet.

Dieser grausame Mann erlebte im Nürnberger Gefängnis eine Bekehrung zu Jesus. Er bezeichnete den Nürnberger Prozess als

> „ein gottgewolltes Weltgericht, das bestimmt ist, die schreckliche Leidenszeit unter Adolf Hitler zu untersuchen und zu beenden."

Und er bezeugte:

> „Wir haben dem wahren Kreuz den Rücken gekehrt und sind dem zerbrochenen Kreuz, dem Hakenkreuz, gefolgt."

Frank akzeptierte sein Todesurteil mit den Worten: „Ich verdiene und erwarte es."

Kurz vor seiner Hinrichtung bedankte er sich für die geistliche Fürsorge während der Gefangenschaft und bat Gott, ihn *„gnädig zu empfangen"*.

Diese Beispiele lassen uns demütig werden vor der Gnade der Vergebung durch den Herrn Jesus.

8. Zurück zum Gleichnis

In dem Gleichnis, das wir gerade betrachten, erfahren wir etwas von der unvorstellbar großen Barmherzigkeit Gottes.

Die gigantische Schuld des Knechtes in diesem Gleichnis will uns lehren, dass wir mit jeder auch noch so großen Schuld zu unserem König Jesus kommen können. Er wird uns vergeben, wenn wir ihn reumütig darum bitten.

Zunächst wird dem Knecht gesagt, er solle alles, was er hat, verkaufen – ja sogar sich selbst und seine Frau und seine Kinder soll er zum Sklavenmarkt bringen, um die Schuld zu begleichen. Er fällt auf die Knie und bittet um Geduld – also Aufschub. Aber der Herr weiß, nie und nimmer kann er seine Schuld begleichen. Wir hatten 625 000 Jahreslöhne errechnet. Er bleibt zahlungsunfähig.

Das ist auch unsere Situation vor Gott. Unsere Sünde vor Gott ist so groß, dass wir sie nie und nimmer begleichen könnten, selbst wenn wir es noch so sehr wollten. *Luther* versuchte es mit Kasteiungen (z. B. Entzug von Nahrung, selbst zugefügten Schmerzen). Aber alles, was wir haben und auch tun, reicht nicht. Wir sind und bleiben Schuldner.

Nun setzt das Erbarmen Gottes ein. Er erlässt dem Knecht alle Schuld. Dieser ist frei! Er könnte jetzt hinausgehen und vor Freude die ganze Welt umarmen. Er könnte seine Mitknechte zu einem Jubelfest einladen und drei Tage lang mit ihnen feiern. Aber es geschieht etwas völlig anderes.

Unmittelbar nach der erfahrenen großen Gnade, die ihm widerfahren ist, trifft er einen Mitknecht – übertragen einen Bekannten –, der ihm 100 Tagelöhne schuldet. Gemessen an der ihm vergebenen Schuld, ist das nur eine Lappalie – wir hatten es rechnerisch ermittelt und kamen auf ein Zweimillionstel jener Schuld, die ihm erlassen wurde!

Dass der Mitknecht mit denselben Worten fleht, wie es der Schalksknecht vor dem König tat, ist kein Zufall. Er fällt ebenfalls vor ihm nieder und bittet um Geduld.

Wie kann der Knecht, der doch noch unter dem unmittelbaren Eindruck der unverhofften Schuldentilgung stehen müsste, seinem Mitknecht den Erlass einer vergleichsweise geringen Schuld verweigern? Der Schalksknecht verhält sich gnadenlos und unbarmherzig. Er erlässt ihm gar nichts – nicht einmal einen einzigen Denar! Kaltherzig lässt er ihn ins Gefängnis werfen. Hierbei handelt es sich um eine sogenannte *Schuldhaft*. Es oblag nun der Familie des Verhafteten, das geschuldete Geld irgendwie aufzubringen, um so den Angehörigen auszulösen.

Die anderen Knechte beobachten das Verhalten des Kollegen und sind – genau wie wir auch – erschüttert, und sie berichten es dem Herrn. Der lässt ihn zu sich kommen und indem er ihn mit den Worten *„Du böser Knecht"* anspricht, ist das Urteil schon gefallen (Verse 32 und 33):

> *„Deine ganze Schuld habe ich dir erlassen, weil du mich gebeten hast; hättest du dich da nicht auch erbarmen sollen über deinen Mitknecht, wie ich mich über dich erbarmt habe?"*

Der Schalksknecht weiß darauf nichts zu antworten. Er wird nun seinerseits in *Schuldhaft* genommen und den Folterern übergeben. Angesichts der immensen finanziellen Schuld wird nun klar, dass er niemals aus dieser schrecklichen Situation ausgelöst werden kann.

In der Bergpredigt hat Jesus gelehrt:

> *„Alles nun, was ihr wollt, dass euch die Leute tun sollen, das tut ihnen auch! Das ist das Gesetz und die Propheten"* (Matthäus 7,12).

Aber danach handelt der Knecht keineswegs.

Was nun geschieht, ist äußerst tragisch. Der König macht den eingangs gewährten Schuldenerlass rückgängig und übergibt den Knecht den Folterknechten.

Das ist auch krass!

Den Vers 34 lesen wir einmal in verschiedenen Übersetzungen, um richtig zu verstehen, was hier passiert:

Luther 1984:
*„Und sein Herr wurde zornig und überantwortete ihn den Peinigern, bis er **alles** bezahlt hätte, was er ihm schuldig war."*

Jerusalemer Bibel:
*„Und voll Zorn übergab ihn der Herr den Folterknechten, bis er ihm die **ganze Schuld** bezahlt hätte."*

Elberfelder 1975:
*„Und sein Herr wurde zornig und überlieferte ihn den Peinigern, bis er **alles** bezahlt habe, was er ihm schuldig war."*

Das jüdische Neue Testament (*David H. Stern*):
*„Und im Zorn übergab sein Herr ihn den Gefängnisaufsehern zur Bestrafung, bis er **alles**, was er schuldete, zurückzahlte."*

Hoffnung für alle:
*„Zornig übergab er ihn den Folterknechten. Sie sollten ihn erst dann wieder freilassen, wenn er **alle** seine Schulden zurückgezahlt hätte."*

Menge:

> *„Und sein Herr ward zornig und überantwortete ihn den Peinigern, bis dass er bezahlte **alles**, was er ihm schuldig war."*

Alle Übersetzungen sagen übereinstimmend aus, dass der Knecht so lange im Gefängnis gefoltert wird, bis er **alles** bezahlt hat. Daran erkennen wir, die soeben vom König erhaltene Vergebung ist rückgängig gemacht worden.

Nun stehen wir vor einer schwierigen Frage:

„Kann Gott, der den Menschen alle Sünden vergeben hat, diese Zusage wieder zurücknehmen?"[8]

In dem Gleichnis wird es uns ganz eindeutig so gesagt. Das passt gar nicht zu unserer gängigen Gottesvorstellung. Aber Jesus hat ja die Gleichnisse erzählt, damit wir Neues erfahren – über Gott, aber auch über uns selbst.

---

[8] Martin Luther: II [Evangelien-Auslegung] 628; Predigt von 1524.

9. Was will uns Gott mit diesem Gleichnis sagen?

In das Himmelreich gelangen wir nur ohne Sünde. Es gibt nur eine Stelle, an der wir die Sünde loswerden können, und das ist unter dem Kreuz Jesu. Dort wurde die Sünde gerichtet. Und darum können wir zu Jesus kommen und ihn um Vergebung bitten – so wie es in 1. Johannes 1,9 beschrieben ist:

> *„Wenn wir aber unsere Sünden bekennen, so ist er treu und gerecht, dass er uns die Sünden vergibt und reinigt uns von **aller** Ungerechtigkeit."*

Wir hatten bereits festgestellt, dass die göttliche Vergebungskraft **grenzenlos**[9] ist. Gott hat keine Obergrenze für das Sündenmaß festgelegt. Es gibt keine Marke, über die hinaus die Vergebung nicht mehr greift. Etwa so: wäre es noch eine Sünde mehr, dann kämen wir an das Limit, und die Vergebung könnte nicht mehr wirksam werden.

---

[9] Die Vergebungskraft ist grenzenlos, was die Menge der Sünden und auch ihre Schwere betrifft. Bezüglich der Art der Sünde nennt Jesus uns in Matthäus 12,31 eine einzige Ausnahme: *„Alle Sünde und Lästerung wird den Menschen vergeben, aber die Lästerung gegen den* (heiligen) *Geist wird nicht vergeben."* Jesus hat mit jedem Menschen gesprochen, egal ob es Prostituierte oder betrügerische Zöllner (wie *Zachäus*) waren. Manchmal kommen Menschen in die Seelsorge, weil sie meinen, sie hätten die Sünde wider den Heiligen Geist getan. Pastor *Heinrich Kemner* nannte ein gutes Kriterium: „Wer noch die Sorge hat, er habe diese Sünde getan, der hat sie mit Sicherheit nicht getan. Der Heilige Geist spricht also noch zu ihm."

Und doch gibt es eine Grenze. Es ist jene Grenze, die wir uns selbst zuzuschreiben haben:

Wenn wir selbst nicht bereit sind, dem andern zu vergeben, dann verlieren wir dadurch unseren Freispruch.

Vergebung kann widerrufen werden! Vergebung kann aufgehoben werden! Das ist die klare Lehre aus dem Gleichnis.

Und das lehrt uns Jesus auch in der Bergpredigt (Matthäus 6,14-15):

> *„Denn wenn ihr den Menschen ihre Verfehlungen vergebt, so wird euch euer himmlischer Vater auch vergeben.*
> *Wenn ihr aber den Menschen nicht vergebt, so wird euch euer Vater eure Verfehlungen auch nicht vergeben."*

Daran wird deutlich, **vergeben** wie auch **nicht vergeben**, hat eine ewigkeitliche Dimension.

Im Vaterunser beten wir (Matthäus 6,12):

> *„Und vergib uns unsere Schuld, wie auch wir vergeben unseren Schuldigern."*

Wir hatten bereits die Frage angesprochen, ob ein Christ wieder verlorengehen kann? Die biblischen Aussagen zur Heilsgewissheit sagen NEIN. Diese Aussage finden wir auch in der Ölbergrede Jesu bestätigt.

In Matthäus 24,24 bestätigt Jesus, dass die Auserwählten nicht verführt werden können:

*„Denn es werden falsche Christusse und falsche
Propheten aufstehen und große Zeichen und Wunder tun, so dass sie, wenn es möglich wäre*[10]*, auch
die Auserwählten verführten."*

Dieses Gleichnis aber führt uns einen Fall vor, bei dem
ein Knecht doch verloren gehen kann. Wie ist das
möglich? Die Antwort ist abermals:

Wenn wir dem andern nicht vergeben, bleiben wir auf
unserer eigenen Schuld sitzen. Mit unvergebener
Schuld aber ist uns das Himmelreich verschlossen.

Im Gleichnis erfahren wir in Vers 34 die schrecklichen
Folgen*: „Und sein Herr ... überantwortete ihn den Peinigern."* Das ist ein unmissverständlicher Hinweis auf
die Verlorenheit. In Lukas 16,24 nennt Jesus uns die
Worte, wie der reiche Mann in der Hölle seine Not beschreibt:

„Ich leide Pein in diesen Flammen."

---

[10] Es stellt sich noch eine Frage: Bedeutet dieses „wenn es möglich
wäre", dass es im Einzelfall doch möglich ist, oder ist damit ein
absolutes „Unmöglich!" angesagt? Sicherlich wird es für einen
wiedergeborenen Christen „schwer möglich" sein, verführt zu
werden, aber dennoch ist es nicht gänzlich auszuschließen. Letz-
teres ließe sich mit 1. Timotheus 4,1 begründen: *„Der Geist aber
sagt deutlich, dass in den letzten Zeiten einige von dem Glauben
abfallen werden."* Abfallen kann man nur von etwas, was man zuvor hatte. Also hatten diese Leute zuvor den rettenden Glauben
gehabt.

Auch in Matthäus 7,21 sagt Jesus, dass nicht alle, die sich als gläubig ansehen, das Himmelreich sehen werden:

> *„Es werden nicht alle, die zu mir sagen: Herr, Herr!, in das Himmelreich kommen, sondern die den Willen tun meines Vaters im Himmel."*

Vergebung erhält nur, wer selbst auch vergibt!

Dieser Knecht im Gleichnis kann zu denen gerechnet werden, die zwar „Herr, Herr" gerufen haben, aber durch ihre Unbarmherzigkeit Barmherzigkeit verwirkt haben.

Das Gleichnis endet mit Vers 35:

> *„So wird auch mein himmlischer Vater an euch tun, wenn ihr einander nicht von Herzen vergebt, ein jeder seinem Bruder."*

Dieser Satz sollte uns aufrütteln: Wir können den Himmel verfehlen, wenn wir nicht bereit sind, dem andern zu vergeben.

Wenn du noch nie bei Jesus warst, um alle Schuld des Lebens abzuladen, seien es Taten, Worte oder Gedanken, dann lass dich jetzt einladen und rede mit Ihm. Er ist bereit, dir jede Sünde zu vergeben. Wenn du schuldenfrei geworden bist und Jesus im Herzen hast, dann bist du Eigentümer des Himmels geworden. Dann vergib auch denen, die an dir schuldig geworden sind.

Wenn du als Christ dem anderen nicht vergeben willst, dann lebst du höchst gefährlich. Vergib deinen Mitmenschen, damit es dir nicht so ergeht wie dem Knecht im Gleichnis.

Teil III:
Setze alles ein, was du hast!

Das Gleichnis von den anvertrauten Pfunden
(Lukas 19,11-27)

1. Einleitung

Viele Leute spekulieren mit Aktien und erhoffen sich dabei große Gewinne. So erging es auch mir selber vor etlichen Jahren.

Ich war damals Assistent am Institut für Regelungstechnik in Aachen. Neben allen Forschungsaufgaben beschäftigte mich eines Tages ein ganz anderes Thema: Es ging um Kauf und Verkauf von Aktien. Hohe Gewinne schienen zu winken. Jeden Morgen gab es einen Erfahrungsaustausch darüber, welche Aktie in kurzer Zeit angestiegen war und mit Plus verkauft werden konnte. Ich war demgegenüber sehr reserviert, zumal wir als junge Familie kein Geld übrig hatten, um zu spekulieren. Die nun schon über Wochen anhaltende Begeisterung meiner Kollegen ließ schließlich auch bei mir den Funken überspringen, und ich erkundigte mich bei meinem Zimmerkollegen, was jetzt wohl das Beste und Sicherste sei, um schnell zu einem Gewinn zu kommen. Seine Antwort kam ebenso spontan wie gewiss:

Es gibt einen ganz heißen Tipp: *Canadian Railways (CR)*. Im hohen Norden Kanadas hat man Öl gefunden. Von dort muss das Öl nach Süden abtransportiert werden. *Canadian Railways* investiert jetzt in ein Eisenbahnnetz dorthin. Wenn das Öl erst einmal gefördert wird, wirft die *CR* riesige Gewinne ab. So ist es nur allzu logisch, dass die Aktienkurse nach oben schnellen werden.

Das überzeugte mich, und so stieg ich mit 800 D-Mark in dieses verheißungsvolle Geschäft ein. Nun war ich mit von der Partie und konnte gelassen darauf warten, dass die Rakete aufsteigt.

Bei leichtem Anstieg keimte Hoffnung auf, jedoch der explosionsartige Sprung blieb aus – im Gegenteil – ein Abwärtstrend setzte ein.

Die Aktie fiel recht schnell auf 700 DM, dann auf 600 DM und schließlich sogar ruckartig auf 500 Mark. Was ist das? Soll ich jetzt verkaufen, um den Verlust in Grenzen zu halten? Der Kollege riet: „Auf keinen Fall! – Die Aktie wird sich bald wieder erholen." Alles Schönreden half nichts, die Aktie verlor mehr und mehr. Nun zu verkaufen, wäre geradezu töricht, man brauchte jetzt einen langen Atem!

Ich kümmerte mich nicht mehr um den weiteren Verlauf, denn es könnte lange dauern, bis die Aktie sich erholt hätte.

Inzwischen war ich in Aachen promoviert worden und hatte schon meine Stelle bei der PTB in Braunschweig angenommen. Eines Tages flatterte ein Brief von der Bank ins Haus mit dem Inhalt:

> „Der Kurswert Ihrer Aktien ist auf Null gesunken. Wir ziehen Ihnen vom Konto 20 Mark für die Löschung des Depots ab."

Da hatte ich ein Beispiel vom Wuchern in dieser Welt. Ich beschloss, nie wieder in meinem Leben mit Aktien zu spekulieren.

Stellen wir uns vor, es schenkt uns jemand 10 000 Euro, und wir wollen das Geld bei einer Bank anlegen. Zwei Banken stehen zur Auswahl:

- die eine zahlt 2 % Zinsen,
- und bei der anderen können wir 8 % erhalten.

Würden Sie bei der 2 %-Bank ihr Geld anlegen, oder gehen Sie zu der 8 %-Bank? Die Entscheidung fällt nicht schwer.

Es gibt noch eine Steigerung, eine Bank, die nicht nur 2 oder 8 oder gar 12 % Zinsen zahlt, sondern erstaunliche 10 000 %.

Das ist die **Wechselbank Gottes**, von der Jesus in Matthäus 19,29 spricht:

> *„Und wer Häuser oder Brüder oder Schwestern oder Vater oder Mutter oder Kinder oder Äcker verlässt um meines Namens willen, der wird's **hun-***

dertfach *empfangen und das ewige Leben er-erben."*

Jesus erklärt uns das Wesen der Wechselbank Gottes anhand eines Gleichnisses, das wir in Lukas 19,11-27 finden. Eine Parallele dazu ist das Gleichnis von den anvertrauten Zentnern in Matthäus 25,14-30, das wir ergänzend mit hinzuziehen werden.

Das Gleichnis von den anvertrauten Pfunden
(Lukas 19,11-27)

11 *Als sie nun zuhörten, sagte er ein weiteres Gleichnis; denn er war nahe bei Jerusalem, und sie meinten, das Reich Gottes werde sogleich offenbar werden.*

12 *Und Jesus sprach: Ein Fürst zog in ein fernes Land, um ein Königtum zu erlangen und dann zurückzukommen.*

13 *Der ließ zehn seiner Knechte rufen und gab ihnen zehn Pfund und sprach zu ihnen: Handelt damit, bis ich wiederkomme!*

14 *Seine Bürger aber waren ihm feind und schickten ihre Gesandtschaft hinter ihm her und ließen sagen: Wir wollen nicht, dass dieser über uns herrsche.*

15 *Und es begab sich aber, als er wiederkam, nachdem er das Königtum erlangt hatte, da ließ er die Knechte rufen, denen er das Geld gegeben hatte, um zu erfahren, was ein jeder erhandelt hätte.*

16 *Da trat der erste herzu und sprach: Herr, dein Pfund hat zehn Pfund eingebracht.*

17 *Und er sprach zu ihm: Recht so, du tüchtiger Knecht; weil du im Geringsten treu gewesen bist, sollst du Macht haben über zehn Städte.*

18 *Der zweite kam auch und sprach: Herr, dein Pfund hat fünf Pfund erbracht.*

19 *Zu dem sprach er auch: Und du sollst über fünf Städte sein.*

20 *Und der dritte kam und sprach: Herr, siehe, hier ist dein Pfund, das ich in einem Tuch verwahrt habe;*

21 *denn ich fürchtete mich vor dir, weil du ein harter Mann bist; du nimmst, was du nicht angelegt hast, und erntest, was du nicht gesät hast.*

22 *Er sprach zu ihm: Mit deinen eigenen Worten richte ich dich, du böser Knecht. Wusstest du, dass ich ein harter Mann bin, nehme, was ich nicht angelegt habe, und ernte, was ich nicht gesät habe:*

23 *Warum hast du dann mein Geld nicht zur Bank gebracht? Und wenn ich zurückgekommen wäre, hätte ich's mit Zinsen eingefordert.*

24 *Und er sprach zu denen, die dabeistanden: Nehmt das Pfund von ihm und gebt's dem, der zehn Pfund hat.*

25 *Und sie sprachen zu ihm: Herr, er hat doch schon zehn Pfund.*

26 *Ich sage euch aber: Wer da hat, dem wird gegeben werden; von dem aber, der nichts hat, wird auch das genommen werden, was er hat.*

27 *Doch diese meine Feinde, die nicht wollten, dass ich ihr König werde, bringt her und macht sie vor mir nieder.*

Das Gleichnis von den anvertrauten Zentnern
(Matthäus 25,14-30)

14 *Denn es ist wie mit einem Menschen, der außer Landes ging: Er rief seine Knechte und vertraute ihnen sein Vermögen an;*

15 *dem einen gab er fünf Zentner Silber (griech. Talente), dem andern zwei, dem dritten einen, jedem nach seiner Tüchtigkeit, und zog fort.*

16 *Sogleich ging der hin, der fünf Zentner empfangen hatte, und handelte mit ihnen und gewann weitere fünf dazu.*

17 *Ebenso gewann der, der zwei Zentner empfangen hatte, zwei weitere dazu.*

18 *Der aber einen empfangen hatte, ging hin, grub ein Loch in die Erde und verbarg das Geld seines Herrn.*

19 *Nach langer Zeit kam der Herr dieser Knechte und forderte Rechenschaft von ihnen.*

20 *Da trat herzu, der fünf Zentner empfangen hatte, und legte weitere fünf Zentner dazu und sprach: Herr, du hast mir fünf Zentner anvertraut; siehe da, ich habe damit weitere fünf Zentner gewonnen.*

21 *Da sprach sein Herr zu ihm: Recht so, du tüchtiger und treuer Knecht, du bist über wenigem treu gewesen, ich will dich über viel setzen; geh hinein zu deines Herrn Freude!*

22 *Da trat auch herzu, der zwei Zentner empfangen hatte, und sprach: Herr, du hast mir zwei Zentner anvertraut; siehe da, ich habe damit zwei weitere gewonnen.*

23 *Sein Herr sprach zu ihm: Recht so, du tüchtiger und treuer Knecht; du bist über wenigem treu*

gewesen, ich will dich über viel setzen; geh hinein zu deines Herrn Freude!

24 Da trat auch herzu, der einen Zentner empfangen hatte, und sprach: Herr, ich wusste, dass du ein harter Mann bist: du erntest, wo du nicht gesät hast, und sammelst ein, wo du nicht ausgestreut hast;

25 und ich fürchtete mich, ging hin und verbarg deinen Zentner in der Erde. Siehe, da hast du das Deine.

26 Sein Herr aber antwortete und sprach zu ihm: Du böser und fauler Knecht! Wusstest du, dass ich ernte, wo ich nicht gesät habe, und einsammle, wo ich nicht ausgestreut habe?

27 Dann hättest du mein Geld zu den Wechslern bringen sollen, und wenn ich gekommen wäre, hätte ich das Meine wiederbekommen mit Zinsen.

28 Darum nehmt ihm den Zentner ab und gebt ihn dem, der zehn Zentner hat.

29 Denn wer da hat, dem wird gegeben werden, und er wird die Fülle haben; wer aber nicht hat, dem wird auch, was er hat, genommen werden.

30 Und den unnützen Knecht werft in die Finsternis hinaus; da wird sein Heulen und Zähneklappern.

Der 1. Knecht – hat 10 Pfund erwuchert.
Der 2. Knecht – hat 5 Pfund erwuchert.
Der 3. Knecht – hat das eine Pfund im Schweißtuch verborgen.

2. Die angekündigte „Abreise" und die Wiederkunft Jesu

Jesus benutzt hier eine damals aktuelle historische Begebenheit, um seine „Abreise" und sein Wiederkommen zu verdeutlichen:

Archelaus, der Sohn des *Herodes*, war durch das Testament seines Vaters Regent von Judäa geworden. Er reiste dann nach Rom, um sich die Anerkennung des Kaisers für sein Amt als königlicher Nachfolger zu holen. Für die Zeit seiner Abwesenheit setzte er Statthalter ein, die seine Geschäfte wahrnahmen. Er gab ihnen Vollmacht und die nötigen materiellen Dinge, damit sie in seinem Sinne handeln sollten. Die Ämter waren auf die Zeit seiner Abwesenheit begrenzt.

Vor dem Hintergrund dieses historischen Geschehens, das den Juden bekannt war, erklärt Jesus seine eigene Abreise.

Jesus weiß, Himmelfahrt wird der Tag sein, an dem er sich von seinen Jüngern verabschiedet. Es ist sozusagen der Tag seiner „Abreise", aber er verheißt gleichzeitig auch seine Wiederkunft. In Apostelgeschichte 3,21 ist nachzulesen:

„Ihn muss der Himmel aufnehmen bis zu der Zeit, in der alles wiedergebracht wird, wovon Gott geredet hat durch den Mund seiner heiligen Propheten von Anbeginn."

Um diese Zwischenzeit also geht es. Das ist die Zeit, in der wir jetzt leben. Wir alle sind damit gemeint.

3. Die Ausrüstung

Bevor Jesus uns an die Arbeit schickt, gibt er uns die nötige Ausrüstung. In Lukas 19 erhält jeder gleich viel, nämlich **ein Pfund** – oder ein Talent[11] wie es im Parallel-Gleichnis von den anvertrauten Zentnern in Matthäus 25,14-23 steht. Dort ist es unterschiedlich: Der eine erhält 5, der Andere 2 und der Dritte 1 Zentner bzw. Talent. Wir wollen beides im Auge behalten.

In dem uns vorliegenden Text betont Jesus die Gleichheit. Jeder also hat *ein Pfund* zugeteilt bekommen. Wichtig ist, dass niemand ausgeschlossen ist. Wir brauchen nicht auf den Mitbruder oder die Mitschwester zu schielen, ob jemand etwas mehr bekommen hat. Vor einer solchen Denkweise möchte uns dieses Gleichnis bewahren.

---

[11] Das Talent war die höchste Münzeinheit, es wird zwischen 6 000 und 10 000 Denaren angesiedelt. 1 Denar war ein Tageslohn. D. h. 5 Talente sind mindestens 30 000 Denare oder 30 000 Tageslöhne, 2 und 1 Talent entsprechen jeweils mindestens 12 000 bzw. 6 000 Tageslöhnen, also fürstlichen Summen. (Vgl. Gnilka, J.: Das Matthäusevangelium, 2. Teil. Kommentar zu Kap. 14,1-28,20 und Einleitungsfragen. Freiburg-Basel-Wien 1988, v. a. 359, aber auch 145f.)

Gott hat **jedem** sein spezifisches Pfund gegeben – genauer gesagt „anvertraut" – und darüber dürfen wir uns freuen.

Schauen wir uns zunächst einmal an, was Gott uns geschenkt hat:

1) Gott gab uns seinen Sohn. Es ist der unermessliche Reichtum, den wir in ihm haben:

> „dass er seinen eingeborenen Sohn gab, auf dass alle, die an ihn glauben, nicht verloren werden, sondern das ewige Leben haben" (Johannes 3,16).

2) Gott hat uns das ewige Leben gegeben:

In Römer 6,23 heißt es:

> „Gottes Gabe aber ist das ewige Leben."

Vor diesem Hintergrund haben wir zusätzlich eine ganze Fülle von Gaben, die uns rein menschlich sicherlich unterschiedlich erscheinen mögen, aber bedenken wir, sie sind uns gegeben „nach dem Maß der Gabe Christi" (Epheser 4,7). Das adelt alles und macht jede Gabe kostbar. Paulus sagt in 1. Korinther 7,7:

> „Ein jeglicher hat seine eigene Gabe von Gott, einer so der andere so."

Wir wollen uns diese Gaben, die in den Augen des Herrn anvertraute Pfunde sind, einmal anschauen.

Drei Arten von Gaben können wir unterscheiden:

3.1 Die natürlichen Gaben

Wir alle verfügen über Fähigkeiten und Begabungen (handwerkliche und geistige):

- Redegewandtheit
- Sprachbegabung
- Musikalische Begabungen
- Schriftstellerische Begabungen
- Künstlerische Begabungen
- Handwerkliche Begabungen
- Kreative Ideen
- Organisationstalent
- Gelerntes Wissen
- Freundlichkeit
- und unseren Willen!

Die Vögel – außer dem Kuckuck – können ein eigenes Nest bauen. Aber jeder tut es nach seiner Art. Der Schöpfer gab jedem eine Konstruktionsanweisung mit, also ein für jeden Vogel typisches Bauprinzip, z. B.:

- Störche bauen riesige Nester aus Ästen.
- Webervögel (in Namibia) haben Nester, die oben mit einem Deckel versehen sind und unten einen Scheineingang haben, um Kuckucke und Schlangen zu irritieren.
- Lummen nisten an schrägen Felswänden und legen konische Eier, die nicht aus dem Nest rollen können.

- Wasservögel bauen Schwimmnester, die gegen unterschiedliche Wasserstände gewappnet sind.

Haben wir schon mal bedacht, dass auch unser Wille ein anvertrautes Gut ist? Unser Wille hat den weitreichendsten Entscheidungsradius. Wir dürfen z. B. entscheiden, ob wir die Ewigkeit im Himmel oder in der Hölle zubringen wollen. Damit könnten wir unsern freien Willen sogar als eines der stärksten Pfunde bezeichnen.

In der Hölle wird es einmal viele Leute geben, die das Evangelium zu ihrer Rettung gehört haben, aber die ihren Willen nicht zur richtigen Entscheidung benutzt haben.

3.2 Die geistlichen Gaben

Das größte geistliche Geschenk, das uns Gott macht, ist der Glaube. Haben wir das schon einmal als Gabe, als „Pfund", angesehen? Im 11. Kapitel des Hebräerbriefes wird uns vor Augen geführt, welch großartige Erkenntnisse der Glaube bringt.

Durch den Glauben erkennen wir, dass die Welt durch Gottes Wort gemacht ist. Wie viele Wissenschaftler bemühen sich, den Ursprung dieser Welt (Kosmologie) und des Lebens (= die Evolution aus der Ursuppe) zu erforschen. Jährlich erscheinen viele Veröffentlichungen zu diesen Themen. Sie führen zu keinem Ergebnis, weil die Antwort allein in der Materie gesucht wird. Wenn man meint, bei der Klärung dieser Fragen ohne den Schöpfer auskommen zu können, führt das nie zum Ziel. Ein entscheidender Aspekt zur Lösung dieser Problemstellungen ist der Glaube.

Albanien: Der stalinistische Diktator Albaniens *Enver Hoxha* (1918-1985), der von 1944 bis 1985 regierte, erließ 1967 ein totales Religionsverbot. Albanien nannte sich der „erste atheistische Staat". *Hoxha* sagte:

> „Es gibt keinen Gott – und wenn es einen gäbe, dann brauchte ich ihn nicht!"

Auch machtvolle Regenten können sich irren!

DURCH DEN GLAUBEN gingen die Israeliten durchs Rote Meer. Die Ägypter taten genau dasselbe, aber ohne den Glauben ertranken sie.

DURCH DEN GLAUBEN der Israeliten fielen die Mauern Jerichos, der als uneinnehmbar geltenden Stadt. Aber durch den Glauben fielen die massiven Mauern wie ein Kartenhaus zusammen.

DURCH DEN GLAUBEN wurde die Frau, die zwölf Jahre an Blutungen litt, gesund. Jesus sagte ihr: *„Dein Glaube hat dir geholfen."*

Der Glaube ist nicht eine Garnierung des Lebens, sondern die fundamentale Grundlage. Das Ergebnis wird sichtbar in: Friede, Freude, Liebe, Barmherzigkeit, Geduld, Sanftmut, Trost.

3.3 Die irdischen Gaben

Eine besondere irdische Gabe ist das Leben – ein anvertrautes Pfund.

Dieses Leben sollen wir nicht unnütz verbringen, sondern dem Herrn weihen. Jesus sucht Menschen, die ihm den Vorrang in ihrem Leben geben. Dieses Leben ist einmalig; wir bekommen kein zweites, um damit zu wuchern. Was können wir einsetzen?

*   Erfahrungen
*   Geld & Gut
*   Haus & Hof
*   Familie
*   Zeit
*   Beruf
*   Einfluss

Das Leben ist ein einmaliges Geschenk, machen wir etwas Sinnvolles daraus! Setzen wir es ein zur Ehre Gottes. Dann wird es uns zum Segen.

Von ESSO gab es den schönen Werbeslogan: *„Es gibt viel zu tun, packen wir's an."*

Ein schönes Leitmotiv auch für Christen.

David Livingstone (1813-1873), der bekannte schottische Missionar und Afrikaforscher, setzte sein ganzes Leben für Jesus ein. Er sagte: *„Was ich auch habe oder besitze, soll nur insofern einen Wert für mich haben, als es der Ausbreitung des Reiches Gottes dient."*

a) Handelt damit, bis ich wiederkomme

Das ist der Auftrag des Herrn: Setze deine Gaben ein. Benutze und verwalte das dir anvertraute Gut im Sinne Gottes. Uns gehört nichts, alles ist sein. Nackt sind wir in die Welt gekommen, und nackt werden wir sie wieder verlassen.

Alexander der Große (356 v. Chr. - 323 v. Chr.) war der mächtigste König seiner Zeitepoche. Er hatte die damalige Welt des Altertums erobert, ja, bis nach Indien war er mit seinen Truppen vorgestoßen. Als er ans Sterben kam, hatte er angeordnet, dass man seine Hand aus dem Sarg hängen lassen solle, damit jeder sähe, dass auch ein König nichts aus dieser Welt mitnehmen kann.

Wir haben einen großzügigen Herrn, der uns freie Hand lässt. Er ist ein Arbeitgeber, der uns keine Einschränkungen auferlegt oder unser freies Handeln einengt. Das Motiv für unser Wirken im Reich Gottes soll die Liebe zum Herrn und zu den Menschen sein.

Der Inhaber eines Münchener Modehauses hatte eine gute Idee, wie er mit dem anvertrauten Pfund des Geschäftes wuchern könnte:

Wo sonst Warnschilder vor Ladendieben stehen, stellte er ein Hinweisschild auf: „Auf Wunsch kostenlos ein Neues Testament oder eine CD". Dieser gläubige Geschäftsmann erkannte den Verwaltungscharakter von Gut und Geld und diente so seinem Herrn. Innerhalb von 5 Jahren (1974 bis 1978) verschenkte er 30 000 Neue Testamente an Kundinnen seines Modehauses.

Der Einsatz von anvertrauten Pfunden bringt immer Gewinn. Es gibt keinerlei Verluste. Verlust ist das Nichteinsetzen. Der Einsatz bewirkt zweierlei:

1. Rückwirkungen in diesem Leben: Gott wird uns spürbaren Segen schenken.

2. Guthaben im Himmel: Dem reichen Jüngling riet Jesus, er solle alles verkaufen, woran sein Herz hängt und es den Armen geben. Dadurch würde er einen Schatz im Himmel haben. Dort gibt es keinen Kursverlust, keinen Mottenfraß. Die Wechselbank Gottes hat die härteste Währung, und die hat bleibenden Wert. Sie gilt ewig. Die Bibel sagt, wer reichlich sät, wird reichlich ernten. Schauen wir uns die Ernte an:

Jeder Kaufmann muss genau Buch führen, um z. B. am Jahresende auszurechnen, wie hoch der Gewinn war oder auch der Verlust.

Wer seine anvertrauten Pfunden einsetzt, braucht keine Buchführung. Es geht nichts verloren, was du im Reich Gottes erwirtschaftest. Du darfst es selbst getrost vergessen. In der exakten Buchführung Gottes ist alles verzeichnet:

„Bücher wurden aufgetan... und die Toten wurden gerichtet nach dem, was geschrieben steht in den Büchern, nach ihren Werken" (Offenbarung 20,12).

b) Ein Erlebnis bei Tiffany

Tiffany an der 5th Avenue in New York City ist eines der teuersten und größten Schmuckgeschäfte der Welt. In vier großräumigen Etagen mit unzähligen Vitrinen bestaunen nicht nur Käufer, sondern vorwiegend Touristen aus aller Welt die edlen Geschmeide. So ist hier ein Ring mit Brillanten von 3 Karat für 1,4 Millionen Dollar noch nicht einmal etwas Außergewöhnliches.

Während einer USA-Reise konnte ich selbst diese teuren und ausgefallenen Kreationen aus Gold, Platin und Diamanten bestaunen.

Ich hatte einige Flyer „Wie komme ich in den Himmel?" in Englisch bei mir und gab sie einigen freundlichen Ladies an den Verkaufstresen. Ob die freudige Abnahme auf amerikanischer Höflichkeit oder wirklichem Interesse beruhte, vermag ich nicht zu sagen. Unvergessen ist mir jedoch die Reaktion eines leitenden Angestellten im feinen Nadelstreifen, der das Traktat abwies, dann aber seine Hände wie zu einem pastoralen Segen erhob und mit geradezu feierlicher Stimme sagte: *„Heaven is here!"* („Den Himmel haben wir hier!").

Wenige Minuten danach reichte ich den Flyer einem Bettler, der vor dem Eingang zu Tiffany im Rollstuhl saß und mit seinem Sammelbecher klapperte. Dieser Farbige ohne Beine nahm ihn gerne an. Er trug als Sonnenschutz eine Kappe mit der Aufschrift: *„Jesus is my Boss"* („Jesus ist mein Chef").

Ich musste immer wieder an diese beiden so unterschiedlichen Männer denken. Wer war wohl der wirklich Reiche – der von teuren Diamanten Umgebene oder der Arme mit seinen wenigen Münzen? Die Bibel sagt:

> *„Wer den Sohn hat, der hat das* (ewige) *Leben, wer den Sohn Gottes nicht hat, der hat das* (ewige) *Leben nicht"* (1. Johannes 5,12).

c) Eine sehr erfolgreiche Auktion

Im Dezember 2011 fand bei *Christie*'s in New York, einem der traditionsreichsten Auktionshäuser, das weltweit führend auf dem Kunst- und Antiquitätenmarkt ist, eine sehr bemerkenswerte Auktion statt. Es gab einen vollgepackten Auktionsraum und Telefonangebote aus aller Welt. Versteigert wurden die Juwelen der Hollywood-Ikone *Liz Taylor* (1932-2011). Alle Erwartungen wurden bei weitem übertroffen. Das Gesamtergebnis betrug 116 Millionen Dollar; das waren damals 89 Millionen Euro. Am Ende der mehr als vierstündigen Veranstaltung in der Nacht zum Mittwoch, dem 14.12.2012, war jedes Stück der Leinwandlegende („*Cleopatra*") verkauft. Das Höchstgebot von 8 Millionen Euro kam über Telefon für ein Rubin- und Diamantenhalsband mit Perle. Die als *La Peregrina* bekannte Perle war laut *Christie*'s im 16. Jahrhundert im Golf von Panama gefunden worden. Sie gehörte zeitweise zu den Kronjuwelen des spanischen Königshauses. Ein weiteres Prunkstück der exquisiten Kollektion war ein Diamant mit über 33 Karat und unschlagbarer Reinheit. Beim Zuschlag für 6,8 Millionen Euro ging diese Kostbarkeit an den neuen Besitzer. *Richard Burton* hatte ihn 1968 für seine Liz unter den Weihnachtsbaum gelegt.

Den Verkaufserfolg erklärte das Auktionshaus am Ende des Abends mit der „Magie von Miss *Taylor*". Sie galt jahrzehntelang als eine der schönsten Frauen der Welt. Sie wurde von Männern mit den teuersten Geschenken verwöhnt. Außer ihren sieben Ehemännern (*Burton* heirate sie zweimal) hatte die gefeierte Schauspielerin etliche Liebhaber. Die zweifache Oscar-Preisträgerin war im März 2011 im Alter von 79 Jahren gestorben.

In Lukas 12,15 heißt es:

„Niemand lebt davon, dass er viele Güter hat."

Im Gleichnis von dem reichen Kornbauern sagt Jesus (Lukas 12,20):

„Du Narr! Diese Nacht wird man deine Seele von dir fordern; und wem wird dann gehören, was du angehäuft hast?"

Schauen wir uns die drei im Gleichnis genannten Knechte etwas näher an:

4. Der erste Knecht

Der erste Knecht im Gleichnis berichtet seinem Herrn:

> *„Herr, dein Pfund hat zehn Pfund erworben"* (Lukas 19,16).

Das ist vorbildlich:

a) Er hat für den Herrn gearbeitet allein auf den Befehl hin: *Handelt damit!*

Der Herr hatte nicht versprochen, wenn ihr gut arbeiten werdet, werdet ihr schon auf eure Kosten kommen. Er hatte auch nicht gesagt: „Ihr werdet Spitzenstellungen in meinen Städten erhalten." Auch nicht: „Oh, ich werde schon nicht knauserig sein!"

Von alldem steht hier nichts. Es geht nur um den Auftrag, die Sache des Herrn – ohne alle Nebenabsichten. Der Auftrag war nicht, in die eigene Tasche zu wirtschaften, sondern eben für diesen Herrn.

b) Der Knecht ist selbstlos. Er sagt: Dein Pfund hat 10 Pfund erworben. Der Knecht rühmt sich nicht selbst. Er sagt *nicht:* „Ich habe dir zehn weitere Pfunde erworben." Er war treu und hat gewissenhaft gearbeitet. Was sagt der Herr daraufhin zu ihm?

> *„Ei, du frommer Knecht, weil du im Geringsten treu gewesen bist, sollst du Macht haben über 10 Städte."*

Der Knecht spekulierte nicht auf eine Entlohnung. Was ihm galt, gilt auch heute noch: Wer in Gottes Dienst steht und arbeitet, wird die Großzügigkeit und den Reichtum dieses Herrn zu spüren bekommen. Rückblickend wird dem Knecht klar, dass es sich gelohnt hat, im Dienst dieses Herrn zu stehen.

Es fällt auf, dass Jesus nicht die erwirtschaftete Menge erwähnt. Das Entscheidende ist die Treue im Dienst. Die Treue im Geringsten ist bei Jesus ausschlaggebend. Die Bewertung, die wir unseren Werken und Taten geben, ist nicht der Maßstab Gottes.

In der „Mühle Gottes" werden wir nicht auf Erfolg, sondern auf Frucht gemahlen – so hat es einmal Pastor *Heinrch Kemner*, der Gründer des Krelinger Glaubenswerkes, genannt.

Erfolge, Titel und Ehrungen auf Erden zählen im Licht der Ewigkeit nicht. Sie können zur billigen Selbsttäuschung werden. Lebe dein Leben von der Ewigkeit her – handle in aller Treue mit anvertrauten Pfunden – und du lebst recht.

5. Der zweite Knecht

Er übereicht dem Herrn freudig den erwirtschafteten Ertrag. Dieser war um die Hälfte geringer als der des ersten Knechtes. Aber auch er erhält das liebevolle

Lob des Herrn, der ihn über fünf Städte setzt. Auch sein Lohn ist groß.

Gibt es nach dem Tode einen Unterschied?

In einem anderen Gleichnis, die Arbeiter im Weinberg, werden alle Arbeiter mit einem Silbergroschen entlohnt, ganz gleich, zu welcher Stunde sie ihre Arbeit aufnahmen.

Die *Seligkeit*, so dürfen wir sagen, ist für alle gleich, die im Glauben gelebt haben und im Frieden mit Gott heimgegangen sind. Darin besteht kein Unterschied. Wie ist es aber mit der *Herrlichkeit?* Paulus sagt in 1. Korinther 15,41-41:

> *„Eine andere Klarheit hat die Sonne, eine andere Klarheit hat der Mond."*

Um das besser zu verstehen, stellen wir uns einmal zehn verschiedene Flaschen vor – große und kleine. Alle sind randvoll gefüllt. Sie sind zwar alle voll, aber der Inhalt ist verschieden. Die Seligkeit entspricht dem Füllstand und die Herrlichkeit der Füllmenge.

6. Der dritte Knecht

Auch von dem 3. Knecht verlangt Jesus Rechenschaft. Dieser sagt:

„Herr, siehe da, hier ist dein Pfund, welches ich habe im Schweißtuch behalten; ich fürchtete mich vor dir, denn du bist ein harter Mann; du nimmst, was du nicht hingelegt hast und erntest, was du nicht gesät hast."

Mit der Rückgabe des Eigentums an den Herrn verbindet er das Geständnis, dass er das Pfund nicht eingesetzt hat. Seine Entschuldigung ist aber insofern heuchlerisch, als er an Stelle seiner Untätigkeit die Furcht vor seinem Herrn geltend macht. Aber welch eine Lüge: Wenn er sich tatsächlich vor dem Herrn fürchtete, dann hätte er umso mehr seinen Auftrag erfüllen müssen. Darum sagt Jesus ihm auch:

„Aus deinem Munde richte ich dich, du böser Knecht."

Was für ein Mann ist dieser dritte Knecht? Nun, er ist der typische Beobachter. Er würde nie Hand mit anlegen, wenn es in der Gemeinde etwas zu tun gibt. Er ist bei allen Veranstaltungen dabei, er fehlt in keinem Gottesdienst – er ist ein Knecht, aber er bleibt ein Außenseiter im Dienst. Er kritisiert, was andere tun. Er weiß sicher, wie man es besser machen müsste, aber er bleibt selbst untätig. Er ist lau. Bezüglich der geschenkten Pfunde gibt es nur Absage oder Einsatz. Entweder wirken wir damit, oder wir setzen es gar nicht ein. Der dritte Knecht wirkte gar nicht, und darum befahl der Herr:

„Nehmet das Pfund von ihm und gebet's dem, der 10 Pfund hat."

Bei diesem Herrn gilt ein merkwürdiges Gesetz:

> *„Wer da hat, dem wird gegeben werden; von dem aber, der nicht hat, wird auch das genommen werden, was er hat"* (Lukas19,26).

Wen Gott schon reich gesegnet hat, den wird er noch reicher segnen. Wer aber nichts tut, dem wird das Glaubensleben schließlich selbst zur Last und Qual. Jesus sagt dem bösen Knecht:

> *„Warum hast du denn mein Geld nicht zur Bank gebracht? Und wenn ich gekommen wäre, hätte ich's mit Zinsen gefordert"* (Lukas 19,23).

Gemeint ist hier die Wechselbank Gottes. Im Gegensatz zur Welt gibt es hier keine Verluste und kein Risiko. Bei Gott gibt es keine Währungsreform, keine Inflation und auch keine Abwertung. Der Kurswert steht immer fest.

Im Februar 2012 wurde der holländische Prinz *Johan Friso*, der zweite Sohn von Königin *Beatrix*, beim Skifahren in Lech am Arlberg in Österreich von einer Lawine mitgerissen.

Es gab dort ein Warnschild, dieses Gebiet wegen der Lawinengefahr nicht zu betreten. Er missachtete die Warnung und betrat dennoch diese ausgemachte Gefahrenzone. Erst 20 Minuten nach dem Unfall konnte er aus der Lawine befreit werden. Er erlitt einen Herzstillstand, der 50 Minuten dauerte. Aus dem Koma erwachte er nicht mehr. Nach einiger Zeit wurden die

Geräte abgestellt. Welch eine Tragik für die damalige Königin *Beatrix* und seine Frau mit zwei Kindern!

Die Bibel stellt auch für uns Warnschilder auf, nicht um uns zu drohen, sondern um uns zu bewahren. Der dritte Knecht ist für uns als ein solches Warnschild gedacht.

a) Die Gefahr des Nichtstuns

Sein Herr sagte zu dem dritten Knecht; *„Du böser Knecht"* (Lukas 19,22). In Matthäus 25,26 fügt der Herr noch verstärkend hinzu: *„Du böser und fauler Knecht."*

Was veranlasste den Herrn diesen Knecht einen *bösen Mann* zu nennen?

Wir müssen festhalten: Der Mann war kein Dieb. Er hatte die Gabe (Talent) nicht gestohlen, sie war ihm anvertraut worden. Er hatte es auf ehrliche Art und Weise erhalten. Stehlen war also nicht der Grund dafür, dass er böse genannt wurde. Er war auch kein Verschwender. Sein Bösesein ist nicht in einem ausschweifenden, zügellosen Leben begründet. Er hätte das Pfund verprassen können – so wie der verlorene Sohn in Lukas 15. Auch das tat er nicht. Auch war er kein Lügner, der sich ein Alibi ausdachte. Etwa von der Art:

> „Ich habe gearbeitet und zwei weitere Talente dazuverdient, aber letzte Woche, kurz vor deiner Rückkehr, brach ein Dieb in mein Haus ein und stahl die beiden Talente, die ich verdient hatte. Nun

ist also nur noch das eine ursprüngliche Talent übriggeblieben."

Er blieb bei der Wahrheit. Lügen war nicht der Grund dafür, dass er böse genannt wurde. Woran lag es also? Die Antwort wird im biblischen Bericht eindeutig gegeben. Er hat sein Pfund vergraben, es dort gelassen und sich geweigert, es einzusetzen.

Der Mann wird ganz einfach deshalb als böse bezeichnet, weil er nichts tat. Das scheint eine seltsame Art von „böse" zu sein, aber dieses Gleichnis macht uns deutlich, dass Untätigsein sehr gefährlich ist.

Das Gleichnis vom barmherzigen Samariter (Lukas 10,25-37): Derselbe Jesus berichtet von einem Mann, der von Jerusalem nach Jericho hinabging. Dieser wurde von Räubern überfallen. Sie schlugen ihn, rissen ihm die Kleider vom Leib und ließen ihn halbtot am Straßenrand liegen. Jesus erzählte diese Begebenheit nicht etwa, um die Verbrecher, Diebe und Räuber zu verurteilen – diese sind bereits verurteilt.

Er erzählt das Gleichnis vielmehr deshalb, um auf das Fehlverhalten der Vorbeigehenden aufmerksam zu machen. Ein Priester und ein Levit kamen des Wegs daher, und sie sahen einen Menschen in Not. Aber sie gingen auf die andere Straßenseite und taten nichts. Das ist es, was Jesus hier meint – das Nichtstun! Im Jakobusbrief 4,17 lesen wir:

„Wer nun weiß, Gutes zu tun, und tut es nicht, dem ist es Sünde."

Das Bemerkenswerte, das wir in dem Bericht des Mannes sehen, dem ein Talent gegeben wurde, ist seine Untätigkeit.

Wenn man einen guten Freund hat, und sich nicht um ihn kümmert, wenn keine Kommunikation stattfindet, stirbt diese Freundschaft von ganz alleine.

Wenn ein Mann das Glück und die Geborgenheit seiner Familie zerstören will, dann muss er nur seine Frau und seine Kinder nicht beachten, niemals irgendein Zeichen der Zuneigung geben, einfach nie für sie da sein.

Durch Nichtstun geht alles kaputt! In meiner ostpreußischen Heimat gibt es die Kirche von Tharau. Sie ist besonders dadurch bekannt geworden, dass der Pastor das schöne Liebeslied „Ännchen von Tharau" seiner Frau gewidmet hatte. Die Kirche blieb im Krieg unversehrt. Bei unserem Besuch 1992 haben wir sie als Ruine erlebt. Das Dach war undicht und das Betreten war wegen Einsturzgefahr verboten. Durch jahrelanges Nichtstun war die Kirche zur Ruine geworden.

Jesus sagte: *„Nehmt ihm nun das Talent weg."* Es ist für einen Menschen sehr gefährlich, nichts zu tun.

b) Die Torheit des Nichtstuns

Bedenken wir einmal, was der dritte Knecht antwortete:

> *„Herr, siehe, hier ist dein Pfund, das ich in einem Tuch verwahrt habe; denn ich fürchtete mich vor*

dir, weil du ein harter Mann bist; du nimmst, was du nicht angelegt hast, und erntest, was du nicht ge-sät hast."

Ist dies nicht eine merkwürdige Begründung? Müsste er nicht vielmehr erkennen:

„Als ich sah, wie die anderen Knechte mit ihrem Pfund gewirkt haben, und weil ich weiß, dass du ein harter Mann bist, da habe ich mich auch dran-gemacht und mein Pfund eingesetzt. Und ich habe ein zweites Pfund dazu gewonnen."

Aber er handelt ganz anders: „Ich habe es gar nicht erst versucht."

Wie töricht! Werden sich unsere Erklärungen besser anhören, wenn wir eines Tages vor Gottes Richter-stuhl stehen?

Und nun kommt ein Gedanke, der uns besonders schwer fällt, den wir aber nicht verschweigen dürfen. Wir haben festgestellt, der Nichtstuer war kein Räuber und auch kein Lügner und dennoch fällt Jesus über ihn das Urteil „Du böser Knecht!" Er wird also genau-so behandelt wie die Diebe und Lügner. In Matthäus 25,30 lesen wir von dem Nichtstuer:

„Und den unnützen Knecht werft in die Finsternis hinaus; da wird sein Heulen und Zähneklappern."

Wenn wir dieses Wort als Warnung an uns sehen, dann haben wir es richtig verstanden. Jesus möchte, dass wir das eine Talent nehmen und es an unserem Platz, auf unsere eigene Art, in der Liebe zu unserem Herrn einsetzen, dann werden wir eines Tages aus seinem Munde vernehmen:

„Recht so, du treuer Knecht! Geh ein in die Freude deines Herrn."

Teil IV:
Eine ungewöhnliche Entlohnung

Das Gleichnis von den Arbeitern im Weinberg
(Matthäus 20,1-16)

1. Einleitung

Während der 40-Jahrfeier der DDR im Jahre 1989 sagte der damalige sowjetische Staatsführer *Gorbatschow* zu *Honecker*:

„Wer zu spät kommt, den bestraft das Leben."

Gemäß dem Gleichnis in Matthäus 20,1-16 könnte man fast den Eindruck gewinnen, als würde Jesus sagen:

„Wer spät kommt, den belohnt das Leben."

Hören wir zunächst auf das Gleichnis:

1 *Denn das Himmelreich gleicht einem Hausherrn, der früh am Morgen ausging, um Arbeiter für seinen Weinberg einzustellen.*
2 *Und als er mit den Arbeitern einig wurde über einen Silbergroschen als Tageslohn, sandte er sie in seinen Weinberg.*

3   *Und er ging aus um die dritte Stunde und sah andere müßig auf dem Markt stehen*

4   *und sprach zu ihnen: Geht ihr auch hin in den Weinberg; ich will euch geben, was recht ist.*

5   *Und sie gingen hin. Abermals ging er aus um die sechste und um die neunte Stunde und tat dasselbe.*

6   *Um die elfte Stunde aber ging er aus und fand andere und sprach zu ihnen: Was steht ihr den ganzen Tag müßig da?*

7   *Sie sprachen zu ihm: Es hat uns niemand eingestellt. Er sprach zu ihnen: Geht auch ihr hin in den Weinberg.*

8   *Als es nun Abend wurde, sprach der Herr des Weinbergs zu seinem Verwalter: Ruf die Arbeiter und gib ihnen den Lohn und fang an bei den letzten bis zu den ersten.*

9   *Da kamen, die um die elfte Stunde eingestellt waren, und jeder empfing seinen Silbergroschen.*

10 *Als aber die ersten kamen, meinten sie, sie würden mehr empfangen; und auch sie empfingen ein jeglicher seinen Silbergroschen.*

11 *Und als sie den (Silbergroschen) empfingen, murrten sie gegen den Hausherrn*

12 *und sprachen: Diese letzten haben nur eine Stunde gearbeitet, doch du hast sie uns gleich gestellt, die wir des Tages Last und Hitze getragen haben.*

13 *Er antwortete aber und sagte zu einem von ihnen: Mein Freund, ich tu dir nicht Unrecht. Bist du nicht mit mir einig geworden über einen Silbergroschen?*

14 *Nimm, was dein ist, und geh! Ich will aber diesem letzten dasselbe geben wie dir.*

15 *Oder habe ich nicht Macht zu tun, was ich will, mit*

*dem, was mein ist? Siehst du scheel drein, weil ich
so gütig bin?*

16 *So werden die Letzten die Ersten und die Ersten
die Letzten sein.*

*<Denn viele sind berufen, aber wenige sind auser-
wählt.>*

Jesus verwendet häufig Gleichnisse, um seinen Zuhörern göttliche Geheimnisse zu erklären. Diese haben
eine doppelte Wirkung: Sie offenbaren Neues und sie
verhüllen Bekanntes:

In Matthäus 13,11-12 spricht Jesus zu seinen Jüngern:

*„Euch ist's gegeben, die Geheimnisse des Himmel-
reichs zu verstehen, diesen aber ist's nicht gegeben. Denn wer da hat, dem wird gegeben, dass er
die Fülle habe; wer aber nicht hat, dem wird auch
das genommen, was er hat."*

Denen aber, die mit kritischem Herzen hören, ver-
schließt sich die Botschaft, wie Jesus es in Matthäus
13,13-16 sagt:

*„Denn mit sehenden Augen sehen sie nicht und mit
hörenden Ohren hören sie nicht; und sie verstehen
es nicht. Und an ihnen wird die Weissagung Je-
sajas erfüllt, die da sagt (Jesaja 6,9-10): ‚Mit den
Ohren werdet ihr hören und werdet es nicht verstehen; und mit sehenden Augen werdet ihr sehen
und werdet es nicht erkennen. Denn das Herz dieses Volkes ist verstockt: ihre Ohren hören schwer,*

und ihre Augen sind geschlossen, damit sie nicht etwa mit den Augen sehen und mit den Ohren hören und mit dem Herzen verstehen und sich bekehren, und ich ihnen helfe.'"

„Aber selig sind eure Augen, dass sie sehen, und eure Ohren, dass sie hören."

Jesus vergleicht das Reich Gottes stets mit Beispielen aus dem alltäglichen Umfeld, um das Neue mit Bekanntem zu erläutern:

„Das *Himmelreich* ist gleich ...
- einem Sauerteig, den eine Frau nahm.
- einem Senfkorn, das ein Mensch nahm und auf seinen Acker säte.
- einem Schatz, verborgen im Acker.
- einem Netz, das ins Meer geworfen ist."

Eine andere Ausdrucksweise ist: „Mit dem Himmelreich verhält es sich wie mit ..." Während meistens von dem Reich Gottes die Rede ist, gebraucht Matthäus den Begriff Himmelreich. Dieser Ausdruck kommt nur bei Matthäus vor, und zwar 32-mal. An 5 anderen Stellen heißt es bei Matthäus „Reich Gottes" (Matthäus 6,33; 12,28; 19,24; 21,31; 21,43).

2. Einige Informationen zu dem Gleichnis

Tagelöhner: Wie es zur Zeit Jesu üblich war, versammelten sich arbeitswillige Tagelöhner auf dem Marktplatz ihres Ortes, in der Hoffnung, dass ein Arbeitgeber sie für irgendeine Arbeit anheuert.

Diese Leute kamen in der Regel schon frühmorgens dorthin. Wer gleich engagiert wurde, hatte Glück, denn er erhielt den vollen Tageslohn. Je weiter der Tag fortgeschritten war, desto geringer fiel die Entlohnung aus. Oft kam es allerdings auch zu keiner Arbeitsvermittlung. Dann war das Warten vergeblich.

Das Arbeitsverhältnis galt nur für den *einen* Tag. Am Abend wurde der ausgehandelte Lohn nach getaner Arbeit ausgezahlt.

Zur Zählung der Tageszeit: Die Arbeitszeit begann um 6 Uhr morgens und endete um 6 Uhr abends. So ergeben sich für die jeweilige Stunde folgende Uhrzeiten:

1. Stunde	6 Uhr
3. Stunde	9 Uhr
6. Stunde	12 Uhr
9. Stunde	15 Uhr
11. Stunde	17 Uhr
12. Stunde	18 Uhr

3. Das biblische Gleichnis aus Matthäus 20,1-16

Wenden wir uns nun dem Gleichnis zu, das Jesus erzählt. Hier geschieht etwas ganz Merkwürdiges, ja geradezu Unverständliches: Der Arbeitgeber zahlt am Ende jedem den gleichen Lohn aus. Es ist gerade so, als hätte die Gewerkschaft folgende Arbeitsbedingungen ausgehandelt:

> „Alle Menschen sind gleich, darum sollen auch alle Menschen gleichen Lohn empfangen, und zwar unabhängig von der Dauer der Arbeitszeit."

Was würden wir zu einem solchen Slogan sagen? Das kann doch wohl niemand fordern! Vielleicht ist das auch der Grund dafür, warum über dieses Gleichnis kaum gepredigt wird.

Es geht hier um eine Arbeit in der Landwirtschaft, genauer um Dienste im Weinberg. Wir wissen nicht, ob es Frühjahr ist, wo der Acker bearbeitet wird, oder ob es bereits um die Ernte geht. Es gibt jedoch viel zu tun.

Der Hausherr hat offensichtlich einen sehr großen Weinberg, denn als er frühmorgens losgeht, um Arbeiter einzustellen, findet er nicht genug Leute. Er heuert alle an, die da stehen und handelt mit ihnen den Lohn aus. Dieser beträgt einen Silbergroschen – im Neuen Testament steht ein Denar –, und das sind nach heutiger Zeit etwa 50 Cent. Ein halber Euro als

Tageslohn – nicht viel, würden wir sagen. Aber bedenken wir, das galt in Israel vor fast 2000 Jahren und nicht für Deutschland im Jahre 2023! In damaliger Zeit war das nicht nur ein angemessener, sondern sogar ein guter Lohn. Es entsprach dem Tagessold, den ein römischer Legionär erhielt.

Wenn ein Familienvater abends mit einem Silbergroschen nach Hause kam, dann war das ein Lohn, von dem seine Familie gut leben konnte.

Der Arbeitsumfang ist so groß, dass der Hausherr gezwungen ist, noch einmal zum Markt zu gehen, um erneut Leute zu holen. Das tut er vormittags um 9 Uhr und auch um 3 Uhr nachmittags. Hier wird nicht mehr gesagt, wie hoch der Lohn sein wird. Er sagt: *„Ich will euch geben, was recht ist."* Die Arbeiter sind damit einverstanden, denn sie kennen den üblichen Tageslohn von einem Silbergroschen. Da ihnen ¼ bzw. ¾ der Tagesarbeitszeit fehlt, war klar, dass sie nur mit einem entsprechenden Anteil zu rechnen hätten.

Der Weinbergbesitzer benötigt jedoch noch weitere Arbeitskräfte, denn es gibt viel zu tun. So entscheidet er sich, noch einmal hinauszugehen, um Arbeiter zu suchen. Es ist zwar schon 5 Uhr nachmittags, aber selbst in einer Stunde kann viel geschafft werden.

Es wird Abend, und um 18 Uhr ist Feierabend. Nun beauftragt der Besitzer seinen Verwalter zur Lohnauszahlung. Er legt die Reihenfolge und auch die Lohnhöhe fest. Und zwar soll er bei den zuletzt Angeheuerten zuerst beginnen.

Die um 17 Uhr Gekommenen erhalten je einen Silbergroschen. Welch eine Überraschung! Damit hatte keiner von ihnen gerechnet. Sie dachten, für die eine Stunde wohl nur 1/12 Silbergroschen zu erhalten. Welch freudige Überraschung.

Zu diesem Zeitpunkt ist auch noch die Freude der frühmorgens Angeheuerten groß. Sie fangen an zu rechnen: Wir waren 12-mal solange auf dem Feld, also werden wir 12 Silbergroschen kriegen. Das ist ein halber Monatslohn! Sie sagen sich:

„Gut, dass wir bei diesem Weinbauern gearbeitet haben. Er hat uns zwar nur einen Silbergroschen versprochen, aber jetzt sieht die Sache für uns noch besser aus. Stell Dir vor, sagt der eine zum andern, 12 Silbergroschen! Also in den nächsten Tagen werde ich nicht arbeiten gehen. Der nächste Liegestuhl gehört mir. Ich suche mir ein ruhiges Schattenplätzchen, und da werde ich so richtig faulenzen!"

Aber es kommt völlig anders: Als der Verwalter sie zum Lohnempfang aufruft, bekommen auch sie – genau wie alle anderen – den *einen* ausgehandelten Silbergroschen. Jetzt hebt ein großes Murren an:

„Welch eine Ungerechtigkeit! Wir plagen uns den ganzen Tag, und das auch noch bei der großen Mittagshitze. Und jetzt kriegen wir nicht mehr als die Kurzarbeiter."

4. Was will uns Jesus durch dieses ungewöhnliche Gleichnis lehren?

Jesus zeigt uns hier sehr deutlich,

– wer Gott ist, aber auch
– wer wir Menschen sind.

Hätten wir das gedacht? Jesus gibt uns hier ein Lehrstück über Gott und über den Menschen!

Wie ist das Gleichnis zu übertragen?

- Der Weinbergbesitzer, das ist Gott.
- Die Arbeiter im Weinberg, das sind wir Menschen – oder genauer: wir Menschen, die an Gott glauben.
- Der Weinberg, das ist die Welt, die noch mit dem Evangelium zu beackern ist. Gott sucht ständig Mitarbeiter.
- Der Silbergroschen, das ist das Himmelreich.

Das Gleichnis will uns göttliches Denken lehren!

4.1 Lehren über Gott

a) Gott ist großzügig

In diesem Gleichnis ist Gott der Besitzer des Weinbergs. Jesus ist sein Verwalter, denn er zahlt den Lohn aus.

„Denn der Vater richtet niemand, sondern hat alles Gericht dem Sohn übergeben" (Johannes 5,22).

„Denn wir müssen alle offenbar werden vor dem Richterstuhl Christi, damit jeder seinen Lohn empfange für das, was er getan hat bei Lebzeiten, es sei gut oder böse" (2. Korinther 5,10).

Es stimmt, eigentlich hätte Gott jedem so viel Anteil von dem Silbergroschen geben können, wie es dem Zeitanteil am Arbeitstag entsprach. Aber Gott ist frei, er ist souverän, und er ist reich. Er kann geben, wie er will. Was er gibt, gibt er aus seinem Eigentum. Er nimmt niemandem etwas weg. Es ist niemand da, dem gegenüber er Rechenschaft ablegen müsste.

Gott ist auch nicht seinen Geschöpfen gegenüber Rechenschaft schuldig, denn in Römer 9,20-21 lesen wir:

„Ja, lieber Mensch, wer bist du denn, dass du mit Gott rechten willst? Spricht auch ein Werk zu seinem Meister: Warum machst du mich so? Hat nicht ein Töpfer Macht über den Ton?"

Gott sieht den Bedarf desjenigen Arbeiters, der erst um 17 Uhr eingestellt wurde. Dieser muss auch eine Familie ernähren. Und Gott ist barmherzig, so dass auch seine Familie nicht hungern muss. Aus dem Gleichnis lernen wir, was Paulus uns in 2. Korinther 1,3 von Gott sagt:

„Gelobt sei Gott, der Vater der Barmherzigkeit."

Gott schenkt auch denen das Himmelreich, die sich erst spät im Leben zu ihm hinwenden. Ich möchte das mit drei Beispielen verdeutlichen:

Beispiel 1: Ein 80-Jähriger findet zu Jesus

Als ich 1991 in der Stadthalle in Braunschweig evangelisierte, kam nach einer Veranstaltung *Bernhard H.* (1911-2000) zur Aussprache und sagte:

> „Ich habe alles verstanden, was Sie gesagt haben, aber den Schritt zu Jesus hin schaffe ich nicht. Das alles steht wie eine große Mauer vor mir."

Ich fragte ihn daraufhin: „Wollen Sie denn über diese Mauer?" Es kam ein klares „Ja!" – „Dann gebe ich Ihnen heute die Garantie, dass Sie es schaffen werden."

Wir gingen die Schritte einer Bekehrung durch. Nach dem Gebet fragte ich ihn, auf welcher Seite der Mauer er sich befände. „Ich bin gesprungen, ich bin rüber!" Er ließ sich dann in unserer Braunschweiger Gemeinde taufen. Wenn wir uns nach dem Gottesdienst trafen, sagte er immer wieder: „Weißt Du noch, wie ich damals vor der Mauer stand?" Er ist inzwischen – seit dem 12. April 2000 längst bei seinem Herrn. Gott hat auch ihm den Himmel (den Silbergroschen) geschenkt, obwohl er sich erst mit 80 auf den Weg begab. Gott ist gut, Gott ist großzügig!

Beispiel 2: Ein Ehepaar aus Russland

Bei einer Evangelisation in Lemgo kam ein schon sehr altes Ehepaar in den Ausspracheraum. Die Frau war von Tränen überströmt. Ich sprach sie an, warum sie so bitterlich weine. Dann erzählte sie:

> „Mit diesem Mann bin ich über 50 Jahre verheiratet. Ich bin schon in jungen Jahren gläubig geworden und habe ihn geheiratet, obwohl er von Gott nichts wissen wollte. Ich dachte, es wird nicht lange dauern, und dann wird er sich auch bekehren. 50 Jahre lang habe ich für ihn tagtäglich gebetet, aber sein Herz war von Stein. Er hat sich nie dem Herrn zugewandt. Heute aber sagte er, nun gehe ich auch zur Aussprache und will mich entscheiden."

Die Frau hat von ihrem beständigen Gebet nicht abgelassen. Nun durfte sie die Frucht noch sehen. Ich weiß nicht, ob ihr Mann noch lebt. Auf jeden Fall war es bei ihm noch später als 5 Uhr nachmittags – um im Bild des Gleichnisses zu bleiben –, und auch er hat den vollen Silbergroschen, das Himmelreich, erhalten.

Beispiel 3: Der schwer herzkranke *Kurt Sch.* (1922-2004) aus Köln

Gunnar S. organisiert seit Jahren die Frühstückstreffen in Leverkusen. Seit vier Jahren besuchte er immer wieder einen alten Nachbarn. Dieser war früher Chemiker bei der Firma Bayer gewesen. *Gunnar* gab ihm verschiedene Kassetten mit meinen Predigten, so dass er sehr gut informiert war. Vier Jahre lang sagte er zu *Gunnar*, dass er auf der Suche sei.

Nach dem Frühstückstreffen vom 13. November 2004 bat *Gunnar* mich, zu einem Besuch bei ihm mitzukommen. *Kurt* hatte eine koronare Herzerkrankung und bereits mehrere Bypässe erhalten. Mit der Lunge hatte er auch Probleme. Über einen Schlauch durch die Nase war er an eine Sauerstoffflasche angeschlossen. Sein Leben war äußerst eingeschränkt.

Bei meinem Besuch kamen wir sehr schnell auf das Evangelium zu sprechen, und ich staunte, wie viel er durch die Kassetten wusste. Am Ende fragte ich ihn, ob er sich nicht auch für ein Leben mit Christus entscheiden wolle. Zu unserer Überraschung stimmte er zu, und im Gebet machten wir alles fest. Im Alter von 82 Jahren wurde er zum Kind Gottes. Schon einen Monat später – im Dezember 2004 – erlöste der Herr ihn von seinem Leid.

Der kam nicht nur eine Stunde vor Schluss, sondern nur 5 Minuten vor der Lohnzahlung. Auch er erhält den ganzen Himmel.

b) Gott bringt zwei Dinge zusammen: Güte und Gerechtigkeit

Als die schon frühmorgens Eingestellten sich über den Lohn empörten, sagte der Hausherr zu einem von ihnen (Matthäus 20,13-14):

„Mein Freund, ich tu dir nicht Unrecht. Bist du nicht mit mir einig geworden über einen Silbergroschen? Nimm, was dein ist, und geh! Ich will aber diesem letzten dasselbe geben wie dir."

Gott klagt nicht an. Er redet ihn an mit „mein Freund." Gott ist vollkommen gerecht. Er hat den schon früh Angekommenen genau das gegeben, was er vor Beginn der Arbeit zugesagt hatte. Die Arbeiter waren mit dem Lohn auch vollständig einverstanden. Ihnen geschah also nicht das geringste Unrecht. Sie hatten schon sehr früh das Gefühl, wir haben Arbeit und können unsere Familie ernähren. Die andern standen lange Zeit voller Sorge, ob sie wohl noch angeheuert werden würden. „Was wird die Frau sagen, wenn ich zurückkomme und nichts verdient habe?"

Ist es nicht merkwürdig! Die schon früh Gekommenen empören sich darüber, dass Gott zu den andern gut ist. Die Bibel zeigt uns ein anderes Beispiel. Auch hier ärgert sich ein Mensch über Gottes Güte.

Beispiel Jona: Er ist enttäuscht darüber, dass Gott gut ist. Als Jona im Bauch des Fisches in Todesängsten war, rief er Gott um Rettung an:

„Wasser umgaben mich und gingen mir ans Leben, die Tiefe umringte mich, Schilf bedeckte mein Haupt. Ich sank hinunter zu der Berge Grün, der Erde Riegel schlossen sich hinter mir ewiglich" (Jona 2,6-7).

„Ich schrie aus dem Rachen des Todes, und du hörtest meine Stimme" (Jona 2,3b).

Nun erlebt Jona das Unvorstellbare. Gottes Güte ist größer als die Not. Gott befiehlt dem Fisch, ans Ufer zu schwimmen und Jona dort auszuspeien. Jona erhält den Auftrag, nach Ninive zu gehen und zu predigen. Gott nannte ihm auch den Inhalt der kurzen Botschaft:

„Es sind noch vierzig Tage, so wird Ninive untergehen" (Jona 3,4b).

Die Niniviten tun Buße nach dieser scharfen Predigt. Und dann heißt es von Gott:

„Es reute ihn das Übel, das er ihnen angekündigt hatte, und tat's nicht" (Jona 3,10).

Wie reagiert nun Jona darauf, dass Gott gütig ist?

„Das aber verdross Jona sehr, und er ward zornig … Ach Herr, das ist es ja, was ich dachte, … denn ich wusste, dass du gnädig, barmherzig, langmütig und von großer Güte bist und lässt dich des Übels gereuen" (Jona 4,1-2).

Ärgerlich über Gottes Barmherzigkeit ruft er aus:

„So nimm nun Herr, meine Seele von mir; denn ich möchte lieber tot sein als leben" (Jona 4,3).

Ob Gott vielleicht seine Meinung ändert und Ninive doch untergeht? Dieses Schauspiel wollte er sich nicht entgehen lassen.

> *„Und Jona ging zur Stadt hinaus ... und machte sich dort eine Hütte; darunter setzte er sich in den Schatten, bis er sähe, was der Stadt widerfahren würde"* (Jona 4,5).

Jona konnte es nicht ertragen, dass Gott einer sündigen Stadt, die umkehrt, gnädig ist. Die Arbeiter im Weinberg konnten es auch nicht ertragen, dass er gegenüber den zuletzt Gekommenen gütig war.

Wir könnten auch die Arbeiter im Gleichnis austauschen: Nehmen wir an, die um 17 Uhr Gekommenen wären schon frühmorgens da gewesen und die, die schon morgens da waren, wären eine Stunde vor Feierabend gekommen. Es hätte sich das gleiche Bild ergeben. Die am längsten gearbeitet haben, hätten sich empört, dass Gott gütig ist.

Prüfen wir uns einmal. Hätten wir nicht ähnlich gedacht? Wenn Jona, der von Gott erwählte Prophet, gegen Missgunst nicht gefeit ist, wieviel weniger wir!

c) Gott hält, was er verspricht

Dieses Gleichnis macht Mut. Es lehrt uns unmissverständlich, dass Gott genau einhält, was er verspricht. Das ist großartig für uns zu wissen!

Warum dürfen wir gewiss sein, in den Himmel zu kommen?

– Weil wir so brav sind?
– Weil wir noch nie jemanden erschlagen haben?
– Weil wir meinen, dort gehören wir eigentlich hin?
– Weil wir einer großen Kirche angehören?

Nichts von alledem! Nur eine Antwort ist richtig:

Wir haben eine göttliche Zusage!

In Johannes 10,27-28 steht es geschrieben:

> *„Meine Schafe hören meine Stimme, und ich kenne sie, und sie folgen mir; und ich gebe ihnen das ewige Leben."*

Hier wird uns das ewige Leben versprochen – sogar schwarz auf weiß in der Bibel. Das gilt genau so sicher, wie der versprochene Silbergroschen des Hausherrn. Wir können daher folgern:

Der Silbergroschen ist das ewige Leben.

Oder denken wir an die Frage des Petrus, der zu Jesus sagt (Matthäus 19,27):

> *„Siehe, wir haben alles verlassen und sind dir nachgefolgt, was wird uns dafür gegeben?"*

Jesus verspricht ihm daraufhin (Matthäus 19,29):

„Und wer Häuser oder Brüder oder Schwestern oder Vater oder Mutter oder Kinder oder Äcker verlässt um meines Namens willen, der wird's hundertfach empfangen und das ewige Leben erben."

Das ist eine feste Zusage! Der Herr hat's versprochen! Was wollen wir mehr? Das können wir so deutlich an diesem Gleichnis ablesen.

Papst *Johannes Paul II* starb am 2. April 2005. Er hatte einen Brief hinterlassen, und das ist ein offizielles Dokument, dass man für ihn beten solle, wenn er gestorben sei. Das habe ich nicht verstanden. Wenn er an den Herrn Jesus gläubig war und seinem Wort geglaubt hat, warum hat er sich dann nicht auf das Wort Jesu verlassen? Wozu braucht er dann noch die Gebete von Menschen?

d) Gott entlohnt

Bei der Entlohnung Gottes sollten wir dreierlei bedenken:

– Er tut es seinem Wort gemäß! In Psalm 33,4 heißt es von Gott:
„Was er zusagt, das hält er gewiss!"

– Er ist großzügig! Das steht in Lukas 6,38:
„Ein volles, gedrücktes, gerütteltes und überfließendes Maß wird man in euern Schoß legen; denn eben mit dem Maß, mit dem ihr messt, wird man euch wieder messen."

– Er handelt oft anders als wir denken! Dieser Aspekt kommt deutlich zum Ausdruck in Matthäus 10,41:

„Wer einen Propheten aufnimmt, weil es ein Prophet ist, der wird den Lohn eines Propheten empfangen. Wer einen Gerechten aufnimmt, weil es ein Gerechter ist, der wird den Lohn eines Gerechten empfangen."

Nicht den falschen Schluss ziehen

Aus dem Gleichnis von den Arbeitern im Weinberg darf man nicht den falschen Schluss ziehen: *Im Himmel seien alle gleich.* Diese Annahme wird durch andere Texte deutlich widerlegt:

1) Jesus sagt in der Bergpredigt (Matthäus 6,20):

„Sammelt euch aber Schätze im Himmel!"

Das heißt doch: Wer viel sammelt, wird im Himmel viele Schätze haben. Wer gar nicht sammelt, wird gar keine Schätze haben.

2) In 2. Korinther 9,6 lesen wir den bekannten Satz:

„Wer da kärglich sät, der wird auch kärglich ernten; und wer da sät im Segen, der wird auch ernten im Segen."

3) Wenn wir über den Lohn nachdenken, dann erzählt uns Jesus ein anderes Gleichnis, und das ist nicht ein

Gleichnis über das Himmelreich. Es ist das Gleichnis von den anvertrauten Pfunden (siehe Teil III dieses Buches). Da geht es um Gaben und Begabungen, die der Herr uns gegeben hat, mit denen wir in dieser Welt wuchern sollen.

Anders als in dem Gleichnis von den Arbeitern im Weinberg wird hier der Lohn angesprochen, den unser Einsatz für den Herrn erbracht hat.

Hier gilt eine andere Regel:

- Wer viel einsetzt, wird auch viel erlangen.
- Wer nichts einsetzt, verliert auch noch das Wenige.

Schauen wir uns einige Bibelstellen an, die Gottes Lohnsystem ansprechen. Bei Gott wird nichts vergessen werden. Selbst der in unseren Augen kleinste Dienst wird von Gott bewertet:

„Und wer einem dieser Geringen auch nur einen Becher kalten Wassers zu trinken gibt, weil es ein Jünger ist, wahrlich ich sage euch: es wird ihm nicht ungelohnt bleiben" (Matthäus 10,42).

Wo findet diese Entlohnung statt? Im Himmel!

„Freuet euch an jenem Tage und springt vor Freude; denn siehe, euer Lohn ist groß im Himmel" (Lukas 8,23).

Jeder Dienst findet bei Gott seine Entlohnung:

„Der aber pflanzt und der begießt, sind einer wie der andere. Jeder aber wird seinen Lohn empfangen nach seiner Arbeit" (1. Korinther 3,8).

Kein Dienst gerät bei Gott in Vergessenheit:

„Darum, meine lieben Brüder, seid fest, unerschütterlich und nehmt immer zu in dem Werk des Herrn, weil ihr wisst, dass eure Arbeit nicht vergeblich ist in dem Herrn" (1. Korinther 15,58).

Achten wir darauf, dass wir das Erwirkte nicht wieder verlieren:

„Seht euch vor, dass ihr nicht verliert, was wir erarbeitet haben" (2. Johannes 8).

Jesus ist derjenige, der von Gott bestimmt ist, den Lohn auszuzahlen:

„Siehe, ich komme bald und mein Lohn mit mir, einem jeden zu geben, wie seine Werke sind" (Offenbarung 22,12).

Keinen Lohn – das gibt's auch. In Matthäus 6,2 spricht Jesus von den Heuchlern, die keinen Lohn zu erwarten haben:

„Wahrlich, ich sage euch: Sie haben ihren Lohn schon gehabt."

Oder wie es in der 1956-er Lutherübersetzung heißt:

„Sie haben ihren Lohn dahin!"

„Denn wenn ihr liebt, die euch lieben, was werdet ihr für Lohn haben? Tun dasselbe nicht auch die Zöllner?" (Matthäus 5,46).

4.2 Lehren über den Menschen

Mit diesem Gleichnis hält Jesus uns einen Spiegel vor und erklärt uns auch, wer wir sind.

a) Wir Menschen klagen Gott an

Im Gleichnis klagen die Arbeiter den Hausherrn an, der sie zur Arbeit einlud. Sie waren anfangs dankbar und froh darüber, dass sie angeheuert wurden und ihre Familien versorgen konnten.

Obwohl sie alles bekamen, was ihnen vor Arbeitsbeginn zugesagt wurde, klagen sie jetzt Gott an. Gott steht hier für den Weinbergbesitzer, und die Arbeiter im Weinberg, das sind wir Menschen.

Kennen wir nicht alle die Anklagen, die wir Gott gegenüber erheben?

- Womit habe ich das verdient, dass mir so etwas geschieht? Durch meine gute Lebensführung habe ich doch solches Leid nicht verdient. Warum legt Gott mir so etwas auf?
- Warum ausgerechnet ich?

Wir leben in einer Gesellschaft, in der jede Gruppe ihre Forderungen erhebt. Die Gewerkschaften fordern mehr Lohn bei gleicher Arbeitszeit. Oder: Die Arbeitszeit soll verkürzt werden bei vollem Lohnausgleich.

b) Wir Menschen neigen zum Neid

Die Arbeiter, die schon morgens gekommen waren, beschweren sich bei dem Weinbergbesitzer:

„Die letzten haben nur eine Stunde gearbeitet, doch du hast sie uns gleichgestellt, die wir des Tages Last und Hitze getragen haben" (Matthäus 20,12).

Sie sagten nicht: „Du hast uns nicht das gegeben, was du uns zugesagt hast."

Das konnten sie auch nicht, denn ihnen wurde genau das gegeben, was ihnen versprochen wurde. Warum dann der Vergleich mit denen, die erst so spät gekommen waren? Die Antwort ist: Es war purer Neid!

Die Bibel warnt uns sehr vor Neid, denn er kann uns vom Reich Gottes ausschließen:

*„Offenkundig sind die Werke des Fleisches, als da sind: Unzucht, Unreinigkeit, Ausschweifung, Götzendienst, Zauberei, Feindschaft, Hader, Eifersucht, Zorn, Zank, Zwietracht, Spaltungen, **Neid**, Saufen, Fressen und dergleichen. ... die solches tun, werden das Reich Gottes nicht erben"* (Galater 5,19-21).

Neid ist eine der Wesenseigenschaften der Menschen. Wer von uns wollte sich davon freisprechen? In Prediger 4,4 lesen wir, wie weit verbreitet Neid ist:

„Ich sah an Arbeit und Geschicklichkeit in allen Sachen: da neidet einer den anderen. Das ist auch eitel und Haschen nach Wind."

Der französische Dramatiker und Schauspieler *Molière* sagte einmal treffend (Schauspiel „Tartuffe"):

„Die Neider sterben wohl, doch niemals stirbt der Neid."

In Sirach 37,11 wird uns geraten, dem Neider nicht unsere Vorhaben zu nennen:

„Berate dich nicht mit dem, der dich missgünstig betrachtet; und vor denen, die dich beneiden, verbirg deinen Plan."

Neid kommt immer dann auf, wenn Menschen in einer engen Konkurrenzsituation stehen. Das fängt schon im Kindergarten an, und bei der Lohnauszahlung in unserem Gleichnis wird der Neid offenbar. Der Dichter *Friedrich Rückert* (1788-1866) sagte:

„Der Blick des Neides sieht zu seiner eigenen Pein nur alles Fremde groß und alles Eigene klein."

Ein Sprichwort besagt: „Der Neid ist der Gefährte des Ruhms."

Das Wesen des Neides ist es, dass er sich immer dann einstellt, wenn etwas zur Debatte steht, was einem selbst äußerst wichtig ist.

Ein *Bauer* ist nicht neidisch, dass der Bundespräsident eine Staatskarosse fährt, sondern dass der Nachbar dickere Kartoffeln hat und dessen Getreide mehr Ertrag bringt als sein eigenes.

Einen *Angler* stört es nicht, dass der Besitzer des Sees ein reicher Mann ist, er wird aber neidisch, wenn sein 20 Meter weiter stehender Mitangler einen großen Hecht aus dem Wasser zieht, während er immer noch seinen Regenwurm kühlt.

Die *Bewerberin für die Miss World Wahl* ist nicht neidisch auf den Nobelpreis eines Wissenschaftlers, aber sie kann vor Neid erblassen, wenn ihre Konkurrentin als die Schönste gekürt wird.

Im Eiskunstlauf gab es 1994 einen berühmten Neid-Skandal. Die Amerikanerin *Tonya Harding* veranlasste, dass ihre Konkurrentin um Olympiagold, *Nancy Kerrigan,* mit einer Eisenstange über das Knie geschlagen wurde, und somit außer Gefecht war.

Selbst in der Bibel klingt in der Geschichte vom verlorenen Sohn in Lukas 15,11-32 neben dem Schwerpunkt der Buße auch ein Aspekt des Neides an. Der Vater ist gütig zu dem Sohn, der aus der Fremde und Verlorenheit zurückkommt. Er will, dass sich alle mit ihm darüber mitfreuen. Jesus sagt uns:

„Es wird Freude sein vor den Engeln Gottes über einen Sünder, der Buße tut" (Lukas 15,10).

Alle freuen sich über das anberaumte Fest – nur einer nicht! Und das ist der ältere Sohn, dem alles gehört und der jeden Tag ein Kalb für sich und seine Freunde hätte schlachten können. Er hat selbst alles, aber er beneidet den Bruder, dem heute die ganze Aufmerksamkeit des Vaters gilt. Und das verdirbt ihm die Freude an der Feier.

Der Vater (Gott) weist den neidischen Sohn nicht zurecht, sondern sagt liebevoll:

„Mein Sohn, du bist doch allezeit bei mir!" (Lukas 15,31).

Möge das Gleichnis uns helfen, mehr von Gottes Güte auch in unserem Leben zu erkennen und ihm dafür zu danken. Es steht die Frage im Raum: Habe ich den Silbergroschen, die Zusage des ewigen Lebens, schon in Empfang genommen? Wir sind eingeladen, dieses Geschenk Gottes anzunehmen. Er freut sich über jeden, der zu ihm kommt und von falschen Wegen umkehrt (siehe Anhang A1). Seine Liebe gipfelt in der Zusage;

„Wer zu mir kommt, den werde ich nicht hinausstoßen" (Johannes 6,37b).

Anhang

A1: Der Ruf zum ewigen Leben

Wir haben uns ausgiebig mit einigen Gleichnissen Jesu beschäftigt. In seiner Verkündigung spricht er über das Reich Gottes und seine wesentlichen Kennzeichen. Seine Botschaft leitet er häufig ein mit den Worten: *„Mit dem Reich Gottes verhält es sich wie …"* oder *„Das Himmelreich gleicht …"* Die von ihm verwendeten Bilder und Beispiele stammen aus dem Alltagsleben seiner Zuhörer. Die Predigt soll von jedem verstanden werden – unabhängig vom Bildungsgrad, unabhängig, ob wir arm oder reich sind und auch unabhängig von der Lebenssituation, in der wir uns gerade befinden. Im Gleichnis vom Säemann (Matthäus 13,1-9 und 18-23) spricht Jesus von einem Bauern, der die Saat ausstreut, um am Ende eine reiche Ernte einfahren zu können. So verhält es sich auch mit dem Reich Gottes. Die gute Botschaft der Rettung wird ausgebreitet. Dabei soll die Winzigkeit des Samenkorns nicht darüber hinwegtäuschen, dass sich daraus etwas Großartiges entwickeln kann. Aus der kleinen Jüngerschar um Jesus wurde trotz vieler Widerstände eine weltumspannende Gemeinde. In Offenbarung 7,9 wird uns der Blick in die reiche Ernte gewährt:

„Danach sah ich, und siehe, eine große Schar, die niemand zählen konnte, aus allen Nationen und Stämmen und Völkern und Sprachen, die standen vor dem Thron und vor dem Lamm, angetan mit

weißen Kleidern und mit Palmzweigen in ihren Hän-
den, und riefen mit großer Stimme: Das Heil ist bei
dem, der auf dem Thron sitzt, unserm Gott und
dem Lamm.“

Liebe Leserin und lieber Leser, Sie sind in der bevor-
zugten Lage, auch zu dieser großen Schar eingeladen zu sein. Jesus ist am Kreuz für alle unsere Verfehlungen aufgekommen. Er beglich all unsere Schuld.
Jeder, der das glaubt, ist nur ein Gebet weit von der
Errettung entfernt. Wenn Ihnen diese Erkenntnis geschenkt ist, dann können Sie das folgende (beispiel-
hafte) Gebet an Gott, den Vater, und an den Herrn Jesus richten:

Lieber Vater im Himmel! Ich danke Dir in Jesu Na-
men, dass Du Dich in Deinem Wort offenbart hast
und dass wir wissen, Du bist gegenwärtig. Du bist
auch der einzige Gott. Und alle Götter der Völker
sind aus Deiner Sicht tote Götzen. Du aber bist
der lebendige Gott, und Du bist zu uns gekommen
in Deinem Sohn, in Jesus Christus. Wir wissen, Du
bist unseretwegen in die Welt gekommen, Du bist
am Kreuz für unsere Schuld und für unsere Ver-
fehlungen gestorben, damit wir nicht verloren ge-
hen. Herr Jesus, so danke ich Dir von ganzem
Herzen, dass Deine Botschaft der Rettung auch
mir gilt. Du bist bereit, meine Schuld zu vergeben
und mir den Himmel zu schenken. Hier und heute
will ich zu Dir kommen und Deine Vergebung und
Rettung annehmen. Herr Jesus Christus, öffne
mein Herz, dass ich ein klares „Ja“ zu Dir sage. An
dem Tag, wenn Du wiederkommen wirst, möchte

ich zu Deiner Schar gehören, die dann vor Freude springen kann. Es wird eine Freude sein, die in Ewigkeit nicht aufhören wird. Danke für diesen Ruf, für dieses große Geschenk, dass Du mir heute machst. Lob und Dank sei Dir Herr Jesus Christus. Amen.

Wenn Sie das oben genannte (oder ein ähnlich frei formuliertes) Gebet zu Ihrem eigenen gemacht haben, dann hat Jesus Sie heute angenommen. Er hat ja fest versprochen, jeden anzunehmen, der sich zu ihm hin auf den Weg macht: *„Wer zu mir kommt, den werde ich nicht hinausstoßen"* (Johannes 6,37). Damit ist der entscheidende Anfangspunkt gesetzt, und Sie sind nun unterwegs zum himmlischen Ziel. Gleichzeitig haben Sie die Nachfolge Jesu angetreten, bei der er nun eine zentrale Rolle spielen wird. Das wird in Ihrem Leben eine Wendung bewirken. Anhand von vier Punkten sei dies kurz erläutert:

1. Beginnen Sie mit dem regelmäßigen Looon des Wortes Gottes, der Bibel. Es ist das einzige Buch, das Gott als von ihm gegeben autorisiert hat. Die Bibel ist die notwendige Gebrauchsanweisung für unser Leben und Sterben.
2. Sprechen Sie jeden Tag mit Ihrem Herrn. Unser Gebet richten wir an Gott, den Vater, und an Jesus Christus, den Sohn Gottes.
3. Setzen Sie in Ihrem Leben um, was in der Bibel gesagt ist.
4. Suchen Sie die Gemeinschaft mit anderen Menschen, die sich auch bewusst Christus zugewandt haben.

Im Folgenden nenne ich das persönliche Zeugnis einer engagierten Frau, die sich ganz bewusst zu Jesus, dem Retter, hingewandt hat. Er hat es ihr ins Herz gelegt, mit Schriften in die Welt hinauszugehen, um Menschen für ihn zu gewinnen.

A2: Wenn Gott zur Mission ruft

Mein Lebensweg: Ich wurde 1953 in eine evangelisch-lutherische Familie als erste Tochter hineingeboren. Meine Eltern sorgten gut für mich und für meine drei Jahre jüngere Schwester. Wir wurden in den Kindergottesdienst der Ev. Kirche unseres Dorfes geschickt. Ich hörte von Gott und von Jesus Christus, aber für mich war Gott nur ein Wesen, das irgendwo hinter den Wolken schwebt und nicht wirklich an diesem Planeten interessiert ist, weil es überall so viel Not und Elend gibt.

Ich fragte mich sehr oft: „Was ist eigentlich der Sinn des Lebens?"

Mit 16 Jahren kam ich in eine neue Schule, und dort traf ich ein Mädchen, das mir erzählte, dass sie wiedergeborene Christin sei. So etwas hatte ich noch nie gehört. Sie erzählte mir vom „Evangeliumsrundfunk Wetzlar", und ich begann diese Sendungen zu hören. Im April 1970 kam *Billy Graham* nach Deutschland. Seine Predigten wurden übersetzt und im Radio übertragen. Eines Abends sprach er über den „Sinn des Lebens", das war genau mein Thema! Er kam auf Jesus Christus zu sprechen. Er erklärte, dass er heute lebt und man in der Beziehung zu Gott durch Jesus Christus den wahren Sinn des Lebens finden kann. Ich war inzwischen so verzweifelt mit meinen 16 Jahren, dass ich das Einladungsgebet für mich mitgesprochen habe.

Am nächsten Tag fragte ich meine Mutter nach einer Bibel. Sie gab mir diese bereitwillig. Ich begann die

Bibel fortlaufend zu lesen. Der Plan Gottes mit der Menschheit entwickelte sich vor meinen Augen, ich wurde immer mehr von Gott ergriffen. Heute kann ich sagen, dass durch das damalige Einladungsgebet, das ich mit 16 Jahren sprach, Jesus Christus in mein Leben gekommen war, und er mein Erlöser und Herr wurde, dem ich nun nachfolge. Mein Lieblingsvers in der Bibel steht in Matthäus 6,33: *„Trachtet aber zuerst nach dem Reiche Gottes und nach seiner Gerechtigkeit, so wird euch solches alles hinzugelegt werden."*

Gott hat es mir ins Herz gelegt, die gute Botschaft von Jesus auch den Menschen in anderen Ländern zu bringen. Im Folgenden berichte ich von meinen weltweiten Missionseinsätzen. Einleitend nenne ich in Fettdruck das Land oder den Ort, wohin ich mich von Gott geführt wusste. Es handelt sich in dem folgenden Bericht um eine Auswahl.

Australien: Die Geschichte von Mr. *Genor*[12], dem kleinen Mann in der Georg Street, Sydney, Australien, hat mein Herz sehr berührt, und ich habe sie häufig gelesen. Mr. *Genor*, der über 40 Jahre lang Traktate über die Errettung durch Jesus Christus in der George Street in Sydney, Australien, verteilte, hat uns sehr inspiriert. Er hat die Menschen auf der Straße gefragt, ob sie wissen, wenn sie heute Nacht sterben, dass sie in den Himmel kommen würden.

---

[12] https://wernergitt.de/beitraege/deutsch/bibelorientiert/item/20019-der-kleine-mann-von-der-george-street
Unter der zuvor genannten Adresse findet sich die bemerkenswerte Geschichte „Der kleine Mann von der Georg Street".

Wir sind drei Frauen aus Deutschland (zwischen 50 – 60 Jahre alt), in die Gott den Gedanken gelegt hat, für vier Wochen nach Sydney zu fliegen und in den Straßen von Sydney und Umgebung die „Frohe Botschaft" von unserem auferstandenen Retter Jesus Christus zu verbreiten. Wir hatten zwei volle Koffer mit den Traktaten „Wie komme ich in den Himmel?"[13] in englischer Sprache mitgebracht.

Im Großen und Ganzen fanden wir eine große Offenheit, und die Australier haben gerne unsere Traktate angenommen. Nach wenigen Tagen hatten wir keine Schriften mehr. Wir beteten, dass Gott uns mehr „Nachschub" schicken möge. Tatsächlich erhielten wir weitere 15 000 Traktate durch eine Gemeinde in Sydney. Insgesamt gaben wir 20 000 Exemplare in Australien weiter. Mit vielen Menschen sind wir ins Gespräch über die frohe Botschaft von Jesus Christus gekommen.

London: Von 01/1980 – 12/1982 konnte ich an einem Trainingsprogramm mit OM (Operation Mobilisation) teilnehmen. Mein Wunsch war es, in der islamischen Welt zu arbeiten und mehr darüber zu lernen, wie das Evangelium auf eine gute Weise an die Muslime weitergegeben werden kann, sodass sie es auch verstehen. Mein erster Einsatz war mit dem „London Arab Team". Jeden Tag gingen wir in die Straßen von London und bekamen mit arabischer christlicher Literatur Kontakt zu vielen Arabern aus unterschiedlichen Ländern.

---

[13] 10-seitiges Traktat von *Werner Gitt*; erhältlich bei „Bruderhand-Medien, Am Hofe 2, 29342 Wienhausen

Türkei: Im Sommer 1980 wurden wir aufgefordert, darüber zu beten, in welchem Land wir an einem Sommereinsatz teilnehmen möchten. Bei mir fiel die Wahl auf die Türkei. Für zwei Monate fuhren wir mit fünf anderen Frauen und einem voll bepackten Ford Transit über Land. Es war eine besondere Zeit, und oft trafen wir auch auf deutsch sprechende Türken, mit denen sich gute Gespräche ergaben. Das Interesse an unserer Literatur war erstaunlich groß.

Sudan: Im Herbst 1980 öffnete sich für mich ein neues Land. Wir hatten viel für den Sudan gebetet, und so wuchs mein Interesse, in diesem Land zu arbeiten. Es wurden anderthalb spannende, ereignisreiche und auch tragische Jahre. – Die jungen Männer von unserem Team stellten oft einen Büchertisch vor den Laden der „Bible Society" in Karthoum oder fuhren mit unserem LKW in verschiedene Landesteile, um den Jesus-Film zu zeigen und um Menschen ein gutes Angebot von christlicher Literatur in Arabisch zu verkaufen. Tragisch war die Zeit, weil der LKW im Süd-Sudan verunglückte und es für *Willi* tödlich endete. *Willi* hatte auf der Hinfahrt in den Sudan zu einem unserer Jungen geäußert, dass er bereit sei, für Jesus im Sudan zu sterben. Und genau für diesen jungen Mann endete der Verkehrsunfall tödlich.

Auf einer anderen Reise in die Nuba Mountains (South Kordofan, Sudan) erlitt *Jim* einen Oberschenkelhalsbruch, als er vom Dach des LKW fiel. Vom Zeitpunkt des Unfalls, bis er in Calgary, Kanada, ankam und dort operiert werden konnte, war eine Woche vergangen. Die Operation war zwar geglückt, aber die Blutversorgung des Oberschenkelhalskopfes war zu lange unterbrochen gewesen, sodass *Jim* ständig starke Schmerzen hatte und die Hüfte später versteift wurde.

Während unserer Zeit im Sudan konnten wir einen alten Nildampfer mieten und luden die Sudanesen für zwei Wochen ein, auf das Schiff zu kommen zur „Floating Holy Bible Book Exhibition". Das war ein großer Erfolg, denn Tausende von Menschen sind fast jeden Tag zu unserem Schiff gekommen. Am Tag boten wir Nilfahrten an. Auf dem oberen Deck wurden Zeugnisse erzählt und der Weg der Erlösung erklärt. In einem anderen Teil des Schiffes war unsere Ausstellung mit Bibeln und christlicher Literatur. – Wenn es am Abend dunkel wurde, zeigten wir den Jesus-Film. Viele Menschen wurden von der Liebe Gottes berührt.

Türkei: 2012 unternahm ich eine Studienreise für eine Woche nach Kappadokien in der Türkei. Ich nahm 400 Traktate „Wie komme ich in den Himmel?" auf Türkisch mit und verteilte sie überall, wo der Bus hielt. Bereitwillig nahmen die Menschen diese Schrift an. – Drei Jahre später machte ich eine zweiwöchige Studienreise nach dem türkischen Teil von Zypern und anschließend in den westlichen Teil der Türkei. Überall traf ich Menschen, die gerne Traktate und Neue Testamente angenommen haben und sich darüber freuten.

Nepal war ein besonderes Land mit atemberaubender Schönheit der Natur. Ich buchte eine zehntägige Studienreise mit Lidl. So kamen wir in viele Städte und Dörfer, und überall konnte ich die „Frohe Botschaft" in

Nepalesisch verteilen. Viele brachten ihre Freude zum Ausdruck.

Nigeria: 2017 durfte ich mit zwei Ehepaaren zum Einsatz nach Nigeria mitfahren. Die Männer predigten in verschiedenen Gemeinden. – Meine Plattform ist jedoch die Straße. Ich hatte 2000 Traktate „Wie komme ich in den Himmel?" in Englisch mitgenommen. Viele Nigerianer sprechen ein sehr gutes Englisch. Die Frau eines nigerianischen Pastors begleitete mich in Abudja. Ich war überwältigt. Ca. 70 Personen haben auf der Straße in den verschiedenen Orten Jesus als ihren persönlichen Erlöser eingeladen. Als wir auf der Rückfahrt von dem Einsatz in Gboko waren, gab es unter mir einen lauten Knall. Der Reifen war geplatzt. Keine Straßenbeleuchtung – über uns der Sternenhimmel – der Reifen wurde bei Taschenlampenbeleuchtung vom Fahrer und dem uns begleitenden nigerianischen Pastor gewechselt. Wir anderen sahen einen Pfad, der in den Dschungel führte. Schon bald kamen wir dort in ein Dorf. Einer unserer Männer sagte zu den Einheimischen: „Bringt eure Kranken, wir wollen für euch beten." – Ich kam ins Gespräch mit *Matthew* und konnte ihm das Evangelium erklären. Mit Freude lud er Jesus in sein Herz ein. – Uns wurde gesagt, dass wir die ersten Weißen waren, die jemals dieses Dorf betreten haben.

Israel: Inzwischen habe ich 49 Länder bereist, in denen ich die „Frohe Botschaft" von Jesus Christus verteilen konnte. In einigen dieser Länder war ich auch mehrmals. Seit 2003 fahre ich regelmäßig ein- bis dreimal pro Jahr nach Israel. Unter anderem verteile ich für einen Tag Traktate, Bibelteile oder den Jesus-Film auf dem Ölberg. Jesus wird auf dem Ölberg wiederkommen. Der Ölberg ist hauptsächlich von arabisch sprechenden Menschen bewohnt. Mein Gebet ist es, dass viele dieser Menschen Jesus entgegen jubeln, wenn er in einer Wolke auf den Ölberg zurückkommen wird. Wie wunderbar wird das sein!

Seit 10 Jahren fahre ich regelmäßig zum „Laubhüttenfest" nach Jerusalem. Der Koffer ist zur Hälfte mit evangelistischen Materialien in Arabisch gefüllt. Wir konnten es auch in Gilgal, Hebron, Bethlehem und Ramallah verteilen und fanden große Offenheit unter den Palestinänsern. Meine Freundinnen wissen, dass ich jedes Jahr zum „Laubhüttenfest" fliege; mal kommt die eine mit, mal die andere. Dieses Jahr (2014) werden es wieder *Evelin* und *Manuela* sein. – Im letzten Jahr ging ich teilweise auf dem Ölberg in Jerusalem von Haus zu Haus und verteilte das Traktat „Wie komme ich in den Himmel?" in Arabisch. An viele Autos steckte ich außerdem diesen Flyer und gab sie an Passanten persönlich weiter. Dieses Mal hatte keine Freundin Zeit, mitzukommen. Die Gegenwart Gottes war stark mit mir. Was ist besser als die Gegenwart Gottes! Er schenkte auch einige bemerkenswerte Begegnungen auf dem Ölberg, dem Ort, wo Jesus bald wiederkommen wird.

Spanien: Meine Freundin *Lesley* aus England lud mich im Januar 2013 ein, für drei Tage in die Nähe von Malaga, Spanien, zu kommen, wo sie und ihr Mann einen langen Winterurlaub machten. Mein Lieblingstraktat „Wie komme ich in den Himmel?" gibt es auch auf

Spanisch. So habe ich 300 Traktate bestellt und mitgenommen. Die Spanier nahmen die Traktate dankbar an.

Ich bekam eine Gebetslast für Spanien. Also mailte ich mit *Manuela*, die als „Zeltmacher" in Altea, Spanien, lebt und arbeitet. Sie war begeistert von der Idee, dass ich sie zusammen mit *Evelin* besuche. 10 000 Traktate in Spanisch „Wie komme ich in den Himmel?" und 1000 Traktate in verschiedenen Sprachen wie Englisch, Rumänisch, Norwegisch, Deutsch, Türkisch, Arabisch und Chinesisch wurden per Post auf die Reise geschickt. Mit viel Freude verteilten wir Ende Februar für neun Tage das Evangelium in verschiedenen Städten und auf Märkten. Drei junge Männer konnten zu Jesus geführt werden. Preis dem Herrn!

Neuseeland: Im Mai 2014 durfte ich für vier Wochen Reisebegleiterin für meine Freundin *Myra* in Neuseeland sein. Mit 2000 englischen Traktaten „Wie komme ich in den Himmel?" und ca. 100 Traktaten in verschiedenen Sprachen machte ich mich auf den Weg. Gott schenkte auch hier viele Gelegenheiten, sein Wort weiterzugeben. In Christchurch nahm ein junger Mann Jesus als seinen Erlöser und Herrn an. Welch eine Freude im Himmel bei den Engeln und bei mir!

Berlin: Seit 2012 nehme ich regelmäßig für zweieinhalb Wochen im Juli an den Missionseinsätzen von „Juden für Jesus" in Berlin teil. Dieses Jahr hatte ich privat 1000 Traktate „Wie komme ich in den Himmel?" dabei und konnte sie in meiner „Freizeit" verteilen. Berlin ist eine Reise wert, nicht nur um Urlaub zu machen, sondern auch um die Menschen mit der besten

Botschaft, die diese Welt jemals gehört hat, bekannt zu machen. Insgesamt wurden durch unser Team (23 Teilnehmer) in dieser Zeit 150 000 Traktate verteilt. Jeden Tag machten Menschen auf den Straßen Berlins eine Lebensübergabe. 56 Personen nahmen Jesus an, sieben davon waren Juden, die ihren Messias kennengelernt haben. Ca. 600 Personen gaben ihre Kontaktadresse, um mehr über Jesus zu erfahren.

New York: Im Moment sitze ich im John-F-Kennedy-Flughafen in New York, USA. Ich lasse die letzten 10 Tage an mir vorüberziehen. Gewappnet mit 2200 englischen Traktaten „Wie komme ich in den Himmel?" und 100 in verschiedenen Sprachen machte ich mich vor zehn Tagen auf den Weg über den Ozean nach New York. Es waren harte, aber gesegnete Tage! Die New Yorker leben nur in Eile und hetzten mit starrem Gesicht an mir vorbei. Manchmal war es so, dass von 300 Personen, die vorübereilten, nur eine das Traktat genommen hat. Manches Mal wurde mir richtig schwindelig, wenn ich in die gehetzten Gesichter sah. Trotzdem hat Gott Gnade geschenkt, alle Traktate sind unter dem Volk. Vier Menschen haben eine Lebensübergabe gemacht. Preis dem Herrn!

Ob aus meinen Traktatverteilungen so viel Frucht entstehen wird, wie durch Herrn *Genor* von der George Street in Sydney, weiß ich nicht. Was ich aber weiß, ist, dass ich Gott zur Verfügung stehen möchte, dass er durch mich sein Reich bauen kann.

„Da sprach Jesus zu seinen Jüngern: Die Ernte ist groß, aber wenige sind der Arbeiter. Darum bittet

den Herrn der Ernte, dass er Arbeiter in seine Ernte sende" (Matthäus 9,37+38).

"Siehe, ich sage euch: Hebt eure Augen auf und seht auf die Felder, denn sie sind reif zur Ernte. Wer erntet, empfängt schon seinen Lohn und sammelt Frucht zum ewigen Leben, damit sich miteinander freuen, der da sät und der da erntet. Denn hier ist der Spruch wahr: Der eine sät, der andere erntet. Ich habe euch gesandt, zu ernten, wo ihr nicht gearbeitet habt; andere haben gearbeitet, und euch ist ihre Arbeit zu Gute gekommen" (Johannes 4,35-38).

Noch schenkt er Gnadenzeit, noch können wir Samen ausstreuen, noch lassen sich Menschen retten.

Heimatdorf: Auch mein Dorf Hilchenbach-Dahlbruch habe ich nicht vergessen. Letzten Sommer konnte ich „Wie komme ich in den Himmel? in alle Briefkästen verteilen oder persönlich überreichen. Einige Freundinnen halfen mit. Von einer alten Dame weiß ich, dass sie Jesus eingeladen hat und jetzt Heilsgewissheit hat.

In Siegen, unserer nächst größeren Stadt, finden in unregelmäßigen Abständen Missionseinsätze von meiner Gemeinde statt, an denen ich mich ebenfalls beteilige.

Die größte Freude in meinem Leben, neben meiner Freude, dass ich Gottes Kind bin, empfinde ich, wenn ich auf der Straße bin und den Menschen Jesus bringen kann.

Kann es sein, dass unser „freudloses Christentum" in Deutschland so wenig begeisterte Menschenfischer hervorgebracht hat, weil wir zu viele Hemmungen haben, Jesus bekannt zu machen? Christsein bedeutet für mich „Gehkultur" und nicht „Bleibkultur".

Jesus sprach zu denen, die ihm nachfolgten:

> *„Mir ist gegeben alle Gewalt im Himmel und auf Erden. Darum gehet hin und machet zu Jüngern alle Völker: Taufet sie auf den Namen des Vaters und des Sohnes und des Heiligen Geistes und lehret sie halten alles, was ich euch befohlen habe. Und siehe, ich bin bei Euch alle Tage bis an der Welt Ende"* (Matthäus 28,18-20).

Mit Jesus sind wir immer in der besten Gesellschaft, egal an welchem Ort dieses Planeten wir uns befinden. Lassen Sie sich anstecken von diesem kleinen Mann aus der George Street in Sydney. Sie werden spannende Urlaube erleben, wenn sie das Evangelium in Form von Traktaten in ihrem Reisegepäck mitnehmen und verteilen. So kommen wir einen Schritt näher, dass die Völker dieser Welt mit dem Evangelium erreicht werden und Jesus Christus wiederkommen wird! Wie sehr sehne ich diesen großartigen Tag herbei!

Beate Kleber

A3: Schlussbetrachtung

In vier ausführlichen Kapiteln haben wir uns mit einigen der Gleichnisse Jesu beschäftigt. Wir konnten spüren, dass die schlichten Worte Jesu von einer unauslotbaren Tiefe zeugen. Hier philosophiert nicht jemand über das irdische Leben und die jenseitige Welt. Hier spricht uns der Herr der Ewigkeit selbst an. Die Botschaften Jesu zeichnen keine Schönfärberei, wie das in heutigen Predigten oftmals geschieht. Jesus ruft uns in den Gleichnissen mit ganzem Ernst zur Nachfolge und zum Dienst auf. Wer darauf hört, wird im Himmel unvorstellbar reichen Segen empfangen – so überschwänglich reich, dass menschliche Worte nicht ausreichen, um den gewonnenen Schatz angemessen zu beschreiben. Auch das andere kommt unmissverständlich zum Ausdruck – es gibt auch ein Verlorensein, das unermesslich ist. Wenn wir beides wissen, dann dürfte unsere Wahlentscheidung eindeutig ausfallen: *„Jesus, lieber Meister, erbarme dich unser!"* (Lukas 17,13).

Der Autor

Dir. u. Prof. a. D. Dr.-Ing. *Werner Gitt*
wurde am 22.02.1937 in Raineck/Ostpreußen geboren. Von 1963 bis 1968 absolvierte er ein Ingenieurstudium an der Technischen Hochschule Hannover, das er als Dipl.-Ing. abschloss. Von 1968 bis 1971 war er Assistent am Institut für Regelungstechnik an der Technischen Hochschule Aachen und wurde nach zweijähriger Forschungsarbeit zum Dr.-Ing. promoviert. Von 1971 bis 2002 leitete er den Fachbereich Informationstechnologie bei der Physikalisch-Technischen Bundesanstalt (PTB) in Braunschweig. 1978 wurde er zum Direktor und Professor bei der PTB ernannt. Er hat sich mit wissenschaftlichen Fragestellungen aus den Bereichen Informatik, numerischer Mathematik und Regelungstechnik beschäftigt und die Ergebnisse in zahlreichen wissenschaftlichen Originalarbeiten publiziert.

1990 gründete *W. Gitt* die „Fachtagung Informatik", zu der jährlich etwa 120 bis 150 Teilnehmer deutschlandweit anreisen. 2022 übergab er die Leitung an Prof. Dr. *Eduard Siemens*. Ziel ist es, biblische Leitlinien mit wissenschaftlichen Fragestellungen (besonders im Bereich der Informationswissenschaften) zu verbinden. Von 1984 bis 2016 vertrat er das Gebiet „Bibel und Naturwissenschaft" als Gastdozent an der „Staatsunabhängigen Theologischen Hochschule Basel (STH Basel)". Seit 1966 ist er mit seiner lieben Frau *Marion* verheiratet. Sie sind dankbar für ihre Kinder *Carsten* und *Rona* mit ihren Ehepartnern und die drei Enkel *Silas, Lina* und *Samuel*.

Werner Gitt

Der Himmel – Ein Platz auch für Dich?

Uns allen hat der Schöpfer die Ahnung der Ewigkeit ins Herz gelegt. Wir wissen darum, dass der Tod nicht den Schlussstrich unter unser Leben setzt. Darum gibt es auch kein Volk auf dieser Erde, das nicht irgendwelche Jenseitsvorstellungen entwickelt hat. Wir wollen aber nicht irgendwelchen Ideen, sondern der Wahrheit folgen. Kein Religionsgründer konnte von sich sagen: „Ich bin die Wahrheit!", weil keiner von ihnen aus der jenseitigen Welt kam. Jesus ist der einzige, der aus dem Himmel kam, Mensch wurde, für unsere Verfehlungen den bitteren Tod am Kreuz starb, am dritten Tag von den Toten auferstand und in den Himmel zurückkehrte. Nur er konnte dieses außergewöhnliche Wort an uns richten: „Ich bin der Weg, die Wahrheit und das (ewige) Leben, niemand kommt zum Vater denn durch mich" (Johannes 14,6). Damit sagt er uns:

Er ist die Wahrheit in Person.

Er selbst ist die Quelle des Lebens.

Er allein ist der Weg in das Vaterhaus Gottes.

Dieses Buch möchte Sie, liebe Leserin und lieber Leser, ermutigen, diesem Jesus zu folgen. Dann haben Sie den gefunden, der Sie grenzenlos liebt und Ihnen das Himmelreich schenken will.

Dieses Buch ist erfreulicherweise sehr schnell zu einem Bestseller geworden. Offensichtlich suchen Viele nach einer biblisch orientierten und leicht verständlichen Wegweisung zum Himmel. Aus diesem Grunde wünschen wir uns als Verlag, dass dieses Buch in verschiedenen Sprachen zur Verfügung gestellt werden kann.

Derzeit sind Übersetzungen in den folgenden 29 Sprachen erhältlich:

In folgenden 29 Sprachen erhältlich:

548529 albanisch
548375 arabisch
bulgarisch
548400 chinesisch
548370 deutsch
548371 englisch
548399 esperanto
548391 finnisch
548376 französisch
548530 hebräisch
548374 holländisch
548392 iranisch
548383 italienisch
548393 kirgiesisch
548394 ki-suaheli
548532 kroatisch
548531 kurdisch
548395 litauisch
548525 mazedonisch
persisch

548377 polnisch
548527 portugiesisch
548397 rumänisch
548372 russisch
548528 schwedisch
548398 slowenisch
548390 spanisch
548526 türkisch
548373 tschechisch
548378 ungarisch

92 Seiten, Paperback
Je € 2,90

Werner Gitt

Was war der Stern von Bethlehem?

Dieses Buch ist insofern ungewöhnlich, als es einen der herausragendsten Berichte des Neuen Testaments aus astronomischer und biblischer Sicht analysiert und dabei von eingefahrenen Gleisen durch Mythen und Legenden befreit sowie diverse astronomische Fehldeutungen offenlegt. Es ist die Reisegeschichte der Weisen aus dem Morgenland, die vom Stern von Bethlehem sicher zum Ziel geleitet wurden.

In folgenden Sprachen erhältlich:

548253 deutsch
548280 holländisch
548281 englisch
548282 tschechisch
548283 polnisch
548284 ungarisch
548285 schwedisch
548286 russisch
548288 französisch

140 Seiten, Taschenbuch
Je € 3,00

Werner Gitt

Herr über Raum und Zeit
Horizonte jenseits der Naturwissenschaften

Wer die Bibel aufmerksam liest, stößt immer wieder auf Aussagen, die uns im 21. Jahrhundert bei aller wissenschaftlichen Erkenntnis schwer verständlich erscheinen. In Psalm 139,5 heißt es über Gott: „Von allen Seiten umgibst du mich und hältst deine Hand über mir." Ein Bibelleser in Deutschland freut sich über diese Zusage, aber gleichermaßen auch ein Australier auf der anderen Seite der Erde. Wie ist das möglich, gleichzeitig an allen Orten - ja sogar auf dem Mond - zu sein? Nachdem die Gesetzmäßigkeiten der mathematischen Dimensionen und die Eigenschaften des physikalischen Ereignishorizontes erarbeitet wurden, werden diese auf biblische Ereignisse angewandt - wie z. B. Engelerscheinungen, Auferstehung und Wiederkunft Jesu. Diese Analogien sind so einleuchtend, dass sie zu einem besseren Bibelverständnis verhelfen. Ein zentrales Anliegen des Buches ist es, auf den Retter Jesus hinzuweisen und durch ihn ewige Heimat zu finden.

548494

128 Seiten, Taschenbuch

Je € 4,90